U0021862

人生實用商學院

窮思維、富邏輯

致富之前先自主

吳淡如 著

目次

江湖行走，重要的刷子都要有

這本書裡你會聽到不只一種聲音——文青的聲音，商人的聲音，母親的聲音，一個女人不溫柔也不討好的聲音，久混江湖的人略帶滄桑的聲音，認真求學的學生的聲音，還有在從事商業投資運營時精明的語音，和遇到困難時偶爾呻吟的聲音。這一切都是真實人生。

你，永遠需要成長型思維和相信改變的樂觀。

在高速進展的時代，人們太難得到一個可以「休息」的三年。這場來得超急去得又不快的瘟疫，來與去，都超出任何號稱神準的預言家所能預測。

無數生命的損傷的確使人心痛，現在閱讀這本書的你，是一個世紀災難的倖存者。回頭看這場疫情，得到了什麼成長？

我習慣從悲劇中反省一些事情。因為只有透過反

省，才能讓受過的痛苦有意義，讓曾經意識到的快樂有其深度，就算是悲劇，也要得到意義。

我的人生也曾有與死神交鋒的經驗，當時肉體的痛苦不可言喻。心臟肥大，全身血管裡的水都在血管外，之後足足有一個多月在敗血症中掙扎，過程與事件我在其他書中寫過，地獄般的活受罪不值得贅述。在極難呼吸的痛苦中，我的心裡也就剩下這個信念而已：

我真的祈求，如果我還能活著，請讓我明

白，這一切都有意義。

經過這麼多年，果然漸漸明白（肯定不是頓悟），這場折磨的意義何在。

因為承受過這些苦難，或解決了某些瘋狂擋在前頭，曾經困惑我的問題，使我成為一個內心比較厚實的人。原來，被荊棘刺傷的手，終是為了學習或熟練某種珍貴技能。

*

此刻是睽違三年之後，第一次長途飛行。我在飛往巴黎班機上，寫下這一篇序。這是我原本計劃好的。

還沒出國前的一整個月，我用一種訓練特種部隊的方式，要自己把心中澎湃了好些年的感想整理清楚，日日按照急行軍的規律速度將初稿寫完。這個夜間航班，因俄烏戰爭致使航線改變，即使直飛也要十五個小時以上才能抵達巴黎。

這種不能改變的航程延長並不讓我厭煩，反而十分珍惜，我可以專注在座位上寫些東西。或許，高度改變，空氣稀薄，會使我的思緒用另一種方式湍流。

腦袋總要有個議長

我從小有過動傾向。幸虧想得比動得快，破壞力不強，各式各樣的奇妙念頭從來就在腦中開辯論會。什麼是「心似平原走馬，易放難收」我向來很清楚，就算我一個人靜靜坐著，喝一杯咖啡，常常也覺得腦袋裡有個眾議院，就算想法不分歧，但噪音一向很多。那種感覺也很像是置身談話性節目，二十個來賓都在

陳述自己的意見，紛紛雜雜，如果沒有一個氣場強大的主持人來限制或引導發言，肯定是個夜市人生。

自小我的確花了許多時間管束某些聲音的發言，為做一個在大人眼中不要太古怪的孩子而努力。但是很多聲音就算被制止也不會完全消滅，很可能因為那個發言太精彩或太有炫惑力。或許，我曾經花了二十多年，在電視當一個談話性主持人，其實是恰得其所的結果。雖然之前沒有受過任何專業的訓練，但一直面對腦中複雜聲音的日日磨練，早就習慣處理許多人的許多意見；然後，選擇一個主 KEY。「不要急亂，你會想出方法的。」有無數次，我對自己說。

我也明白，雖然有些聲音很微小，被那些習慣帶著情緒的大聲吼叫忽略，但卻不能忽視。

在長途飛機上，反正沒有任何事情可以做。我看了三部電影。睡飽了，打開我的電腦，在一萬呎的高空中，為這本書完成最後一個句點。

這本書裡你會聽到不只一種聲音——文青的聲音，商人的聲音，母親的聲音，一個女人不溫柔也不討好

的聲音，久混江湖的人略帶滄桑的聲音，認真求學的學生的聲音，還有在從事商業投資運營時精明的語音，和遇到困難時偶爾呻吟的聲音。都是我的真實人生。

＊

這個世界脈動被迫暫時停止，而人們不再感覺那麼自由的三年，想來真是人類世界自文化昌明以來想像不到的體驗。過去，為了求學、海外公司的生意以及被我認為「不出發就會感覺生命缺乏流動性」的旅行，曾經一個月飛行二十趟，恐怕空姐都沒有這麼緊密的行程。

我開始篤定的「做中學，學中做」的經商與投資，建立公司的商業模式，並且到海外就讀某些有正式學位或證書的課程，還有跑完馬拉松，都是從 2010 年開始，那個時候我早已超過四十歲了。「老驥伏櫪，志在千里」，我怕的是因為年紀更大，腦和身體都跑不動。

不過，經過長久的自我對話和統合，我知道心中那個管控所有聲音的「主席」大概在三分鐘之後就可以克服所有自我懷疑，並且把不相干人士的質疑發言都揮到外太空去。

善用理性的力量

只有我是我人生的主宰，一個成年人除了先管好自己的生活之外，不必以「大家都這樣」之名涉足別人的決定。

當我開始用各種數據做出自己的理性判斷，不再尋找任何藉口自欺，一切成績都超乎想像。有的決定看似大膽，比如：選擇在越南投資。這個國家 2015 年末才開放外國人購買不動產，當時每一次過馬路我都感覺可能被機車撞死。疫情雖然也耽擱了越南的經濟發展，但世界經濟趨勢仍然證明，方向無誤，只是過程必然起伏迭盪。

這不是拍著腦袋想的結果，這是相信大數據與研究調查的證明。做一個商人對我來說真是一件有趣的事。在商業場合裡，我沒有把自己當成一個文青，該理性的時候不要談感性，不要用非理性理由來交涉（我真的聽過「我從小就看妳的書，我好崇拜妳，妳公司名下那間餐廳可不可以看在這個份上賠錢賣我？」之

類的要求，你覺得這個要求理性嗎？）我也學到了決定要明快，千萬別把自己搞成一個《三國演義》裡頭「謀而無斷」的袁紹，擁有再大資源，都可以因為策略模糊、動作太慢而失去江山。

就讓文青留在文青的小劇場。

寫作是心靈活動，出版是商業行為。其實讀者不是在尋找偶像，他們在找「說出自己贊同的話」的代言人。

不要企圖找理由顯得自己崇高比較好。面對現實，是很重要的事。

像我這樣一個出生在菜市場旁邊，肚子餓了就翻冰箱尋找吃食的作者，怎麼可能不是一個通俗作者？

像我這樣的作者，就只能寫充滿人間煙火味的書：俗人的生活感想以及有關於未來的美好期望。

我完全樂於接受自己的世俗。而我深知自己做人做事做朋友，一點也不低俗。

什麼狀況，用什麼本領，不要搞混，你不要被自己的「人設」卡住。相信我，除了你爸媽之外，恐怕沒有人在意你想要將自己設定成什麼形象。至於「形

象」這二字，在這商業社會中，也不是你想要自己成為什麼標竿，大家就會買單就會仰望的。

＊

像我這樣動不動就想飛出去的人，被關的這三年，會很難過嗎？並不。山不轉，路不通，人可以轉。

這三年為了幫忙商品難以在實體通路銷售的朋友，我成立了自媒體的電商。其實我非常熱愛網路時代，線上創業降低了創業成本，創業變得比較容易。對我來說，你就算把一個用不到的東西放到臉書社團來賣，也算是在創業啊。它省去了許多傳統行業和實體店鋪的成本，網紅們其實多半在買空賣空，這個時代的商業，比之前親切太多。

我心中一直存在的那個文青也熱愛寫商業文案。商業文案像在演舞台劇，你可以及時明白哪一句話會獲得台下觀眾的掌聲。

有不少自認格調很高的作者，一談到商業就皺起眉頭搗住鼻子，但我從寫小說散文到廣告文案，並沒有跳過什麼意識形態的鴻溝。剛出社會時，因為想多

存點錢，一圓到歐洲遊學的夢想，任何類型的稿子我都接。廣告部要我寫內衣、冰箱、電梯、泳裝、五金零件和旅遊行程推薦，我在在鍛鍊過，也幫業務部帶來不少收入。

從來沒渴望過要成為什麼文壇泰斗或得諾貝爾獎，我只希望我的寫作沒有邊界，沒有人來釘上圍籬。文青到商人，一定要有邊界嗎？當母親跟做自己，一定有重重柵欄嗎？

我從來覺得柵欄是別人設的，你最好不要無條件自己複製那些柵欄。

就只是喜歡寫，所以我寫。

難不難，由自己定義

我相信，就算難，也有辦法可以想。

疫情期間，除了維持原來的資產管理公司生意以及電商生意之外，我還跑完了全球六大馬，蒐集了全部獎

牌；不過其中只有柏林馬拉松是現場跑的，其他五個都在線上，從我家河岸跑到淡水剛好四十二公里多。

我同時在讀歷史博士班和準備商學院的博士考試。一旦把自己放進一個必須「認真系統化學習」的模型中，我就會比較努力學習，這是一個「改變角色」的自我勉勵成長模式。念博士就算畢業，我肯定也不會從事教職，大概也沒人聘，我的教授同學們估計都在退休狀態了。學習過程比得到利益重要得多，的確，我已經在過程中得到樂趣，且看見自己思考上的進化。難嗎？很多人問我。其實對我而言，比起跟一群太太們閒閒沒事喝下午茶聊是非、比起跟一群為了賺通告費找理由罵得口沫橫飛的名嘴聊是非……，並不難。

有關「難」，關鍵點在於你自己要不要覺得難。

曾有人問一位傑出企業家：「你這一生遭遇最難過的事情是什麼？」

他沉思了一會兒說：「你是問難過的，還是難處理的？想想也沒什麼難過的，就是有一些實在難處理的……。」

的確，只是難處理，並不是真的很難度過。你處理，你度過，你知道自己不是武俠小說中那個一直等待著大俠來拯救的弱者；你成長，也成熟，終於有一天你也可以思考如何在別人和世界的各種難中，找到關鍵點迅速出手。

　　你會明白：連難也是你想出來的。宇宙形成，並不難，因為它就是這樣發生了。難點常常意味著痛點，若能解決，一切舒坦。我們的人生都不會沒有難處，就看你如何看待那個難，學習某些技巧，和那些難處交談、溝通、做朋友。你會明白現在難的事，也許過個幾十天就不難。

　　大不了，就是被難倒了，而你也不是在第一時間就倒地不起的那一個。

＊

　　我對人生的思考，說簡單也很簡單。

　　你一生最珍貴的財富是你的時間和你這個人，時間的主人是你，只要你歡喜，你都可以來去自如，想辦法做得不差（請注意，不是滿分）。沒有柵欄，你

也可以有條不紊，因為萬事萬物之中，有個相通的底層邏輯，或者你自己的思考方法。是的，沒有邊界，除非你一直在創造柵欄，把自己圍起來。

＊

有些人，不只創造柵欄圍起自己，還企圖把旁邊的人，也一起關在裡頭。

不管這個人和你關係如何，請你不要同意。

你同意了，會很後悔的。

🚩 人生千難萬難，做自己就不難

這是我的序。閒閒散散。我企圖讓這本書，不要太有結構，不要太有傳統的起承轉合，不要太直指某些「你應該如何如何」的法則。**它不太商業，也不太文學，它就是我經歷的人生，我在各種難中披沙揀金學到的原則。它是我。**

或許對你也很有用，或許值得換個角度過日子，

你的人生會不會從此不同？

就算是短短三年，其實我也不是三年前的自己了。

寫到這裡，我忽然又想起來，打開飛機上螢幕的空中音樂室，看到了我自己。我有個不小心開錄的《人生實用商學院》的 Podcast，出這本書前已超過八億次的下載，另外一個沒有那麼被注意的講歷史的《人生不能沒故事》也有七千萬人次聽過。

無心插柳，開設時也無目的，只是喜歡講。

的確，也算是個零資本創業。我的成本就是我自己，我的動力在於我還真喜歡自言自語，我一邊講一邊複習我所學到與我選擇的有趣知識話題。

我深深感激這個高科技時代，一個人搞一個廣播電台轉瞬間已不是痴人妄想。在 IT 輔助下的世界，我深信人們在選擇上可以更不看人臉色，不仰人鼻息，更可以做自己。

而那個做自己的能力，就在於你解除了你人生中發生的、多少曾經為難過你的問題。

是的，本書雖然行文有些散漫，講理性邏輯，也

敘述我聞我思，後者應該更多。但只有一個主軸：**成長型思維，如何讓你成為一個沒有邊界，活得更充實快樂的人。**

＊

最後一句，請讓我如此介紹自己：

我很樂於自稱商人，因為我希望這個世界所有戰爭都發生在商業上就好；而寫作仍然是我最喜歡的事。

為了寫這篇序，我認為，我一定要到巴黎，這個二十五歲時曾經讓我轉換人生想法的城市。當時並不知道我在看了海明威《流動的饗宴》之後辭掉工作帶著積蓄來此生活一年，有什麼意義？如今我連麵包的法文是陰性或陽性都忘記了，但是，日子漸久，我一年一年看到巴黎的意義——

覺得悶，一定是什麼東西擋住你，如果你肯狠狠打破面前的柵欄，就算人生千萬難，你仍能一直順心做自己。

尋找你的人生星球系

我一直很尊重自己的過動,以及在知識上雜食的本性,覺得人生就只有活一遍,來地球應該就只有這一回。那麼,認為自己能做成什麼,就去做吧!反正做不成,好像也沒什麼太大的損失。

是我對自己的喃喃自語，所以真實。這是一本從第一章就行雲流水往下寫的書。

我決定用一種散漫的方式，來追憶這些逝水流年之中，我所遇見的那些事。

想到哪裡，寫到哪裡。

我開始，就因為這個天氣非常合適寫。

藍得透明的冬日天空，冷冽的天氣，北半球斜射的陽光到下午就把人和樹的影子投在河濱的路上投射成一幅墨黑色的畫。而我碰巧出門跑步，餓了，在市場買了一個池上便當，看著河堤，吃得一乾二淨。

這麼令人歡喜的天氣，草地是一種充滿飽和的綠，好像也變得十分可口似的。寒風中還沒有被完全填飽的飢餓，似乎在催促我，自己應該來做些什麼。

因為放眼所及的平淡風景，都變得這麼燦爛美麗。

所以我跑步回家，沖了一杯咖啡，打開電腦。

做些什麼？

事實上，在我被一種別人認為是莫名其妙的事感動的時候，我最想要享受的一件事情，是寫作。這已

經是一種生命中很熟悉的平淡儀式了，像陽光空氣水，但它仍是一種儀式。

🚩 知識上的雜食動物

從少年，到中年⋯⋯，甚至到現在，似乎老年的列車即將駛來，離之不遠。

當我在寫作時，我和過去的自己非常親密。我和自己的檔案記憶庫的相處能力，還有我對於資料的應用能力，此時尚未隨時光老去，且更有一種得心應手的感覺。而且，我和我周遭的世界，相處上更協調了。

我的檔案庫裡頭有更多的抽屜。有的放著文學，有的擱著歷史，到了中年之後，還有許多關於商學方面的資訊。可能還有些酒啊咖啡啊珠寶啊潛水啊貓貓狗狗啊什麼的雜七雜八的東西。

它們彼此並不混亂，甚至有密道相通。

這些項目繁多的抽屜，有時候會忽然變成一個陣

容龐大的交響樂團，組成一個音樂會。也許合奏的聲音未必美妙，卻也構成了我最享受的獨處時光。

＊

我還是掙扎了幾分鐘。

其實，我應該要好好完成我的歷史博士論文的。「同時寫兩樣東西，或許會搞壞你腦袋裡的邏輯」，我對自己這麼說。那是我的理性腦，永遠在觀察現實世界，評估各式各樣的應變策略，她考慮過後如此慎重的說。

去年我通過嶽麓書院的博士論文資格考，學校規定博士論文至少要寫兩年，我已經搜集了一年的參考文獻，也完成了幾萬字的初稿，理所當然，不要打斷比較好。

我寫過三個碩士論文，大多寫得差強人意──其實也不必說得如此文雅，應該說都不如我意，其中有一個還是有關廢橡膠處理的策略分析。那個論文，文采零，反而紮實，因為裡頭全是廢橡膠處理過程、訪談資料以及各種運營數據、財報報表，無關情感沒有

什麼滿不滿意的問題。

數十年前中文研究所的畢業論文寫得心虛，因為很年輕，才二十三歲，心已不在學業上，又有全職工作，急著想要畢業……過了許多年，我還記得當時匆匆寫就，想要趕快下車的心急。所以，這回我的準備做得很早。特別是在疫情期間，剛好有大量時間可以閱讀和預備資料。

「沒關係，你還有一年半以上的時間可以寫論文。」另一個我說話了。我知道她是誰。當理性腦叫我按著規律行事時，她總天外飛來搗亂。她來了。

「就讓我們來享受一下自由寫作吧？你有許多話要說，不是嗎？你有更多儲存在腦中的 data 等著被整理，被披露。不要阻止我。」

呵，說實在的我沒有太喜歡寫論文，論文有很多規矩，特別是在文史科系裡，非得引經據典把自己搞得像學究似的。按照以往的經驗，在我必須正經八百寫論文的時候，那一個非常喜歡「隨心所欲寫些什麼」的我，特別容易感覺被壓抑，總是會冒出頭來申張些

正義。

於是我開始寫。

＊

在我真的寫些什麼之前，先來談談，寫，之於我的人生。

如果說：你想遇到的事，都將成為曾經的幸運；你不想遇到的事，都將成為專屬的經驗。

那麼，對於一個作者而言，不管那件事是你想遇到或不想遇到的，它都將成為一個值得寫下來的東西。

在一個攝氏八度的下午，我心裡的兩個聲音討論了一下子之後，很快下了結論——來寫我在當知識雜食動物時發現的某些閃亮亮的東西。

星期天，小孩去上鋼琴課，不在家。「真好，能夠非常安靜的時間又來了。」那個聲音說。

來寫我真實的想法，我在面臨各種選擇時依恃的東西。我的人生不管歷經什麼，對我都是一門好生意。

策略，讓你過好這一生

先來說選擇這件事，用日常生活舉例。人生寶貴，為了能夠選擇：不要做別人要我做的事，只做我自己想做的事，當然是要有一些「策略」的。

這個策略簡單來說，就是先找出你做了會讓自己開心或感覺很「實心」的事，然後想辦法做資源規劃，把不想做的交給比我自己可靠的人。

我上過很多商學院有關「策略」的課程，畫過許多模型和步驟圖，不過在這裡我只想要非常通俗而簡單的講這個道理。有些模型很高大上，不過，知道了許多道理，也未必能過好這一生，我一直認為落實在人生中的策略，簡單就好。

比如忍耐家裡並不是那麼乾淨，等待清潔阿姨（她年紀比我小應該叫清潔妹妹）來家裡打掃，家中就維持個可以接受的整潔就好。吹毛求疵的完美主婦，肯定要付出許多機會成本，也就是俗稱的代價。

目標策略如下：專注你最想做的事，然後忍耐一

些不完美的事情。我把它稱為「容忍地板上的頭髮」。

意思是：頭髮是很容易悄悄掉落的，如果你一直專注於撿拾地板上零散掉落的髮絲，那麼你當然連抬頭看你的目標都沒有時間。

人生很短，能夠抬頭，要盡量抬頭；能夠望遠，要盡量看前方。

當然你有一些最少份量要完成的常規工作。

坐在電腦桌前打字前，我在家裡餵完貓，在家中的錄音室錄完兩集 Podcast。我是個很自律的人，這一點並非本性，乃是後天訓練。說每天要跑五公里，肯定不對自己黃牛。每天要錄完兩集，不管那天有多忙，就算萬籟俱寂，除非已經頭腦昏沉非睡覺不行，否則我大概還是會完成我想完成的進度。不行的話，明天補上。

自律這兩個字的解釋，對我來說意味著每天都有一些改變或進化，至少不是退化。**你不用急著退化，反正，你遲早會被迫退化。**

自律意味著朝你要的方向按規則前進。雖然，這

個方向可能不只一條路。許多年來，我一直很尊重自己的過動，以及在知識上雜食的本性，覺得人生就只有活一遍，來地球應該就只有這一回。那麼，認為自己能做成什麼，就去做吧！反正做不成，好像也沒什麼太大的損失。

如果你和我一樣，其實是對自己的人生有野心，想要充實有趣過好這一生的話，那麼可以參考我自己畫的模型圖（見 30 頁）。

也就是說，你只要活得足夠長，你可以走的路不只一條。人生不是單行道，被規定只能往一個方向。

🚩 「不忘初心」不總是正確

有些人常為別人寫下什麼「不忘初心」的勉勵話語，嚴格來說，我並不太贊成。

我們的語言本身就是意涵模糊的符號。什麼叫做不忘初心？你小時候決定的，就要一直僵凝一輩子

嗎？

這個世界是一直在變動的，所有的外在挑戰，一直來一直來。

你不用不忘初心，只要「不忘心」就可以了。

舉個例來說，如果你的初心是想要一統天下，那麼你為了達成目的也可能變成一個殺人如麻的惡魔。

只要別忘記你的善良出發點就好，你的目標其實會一直改變。隨著這個世界的不斷變化，你的世界會比你最初看到的更寬廣。

商業世界的許多案例教我：看世界的角度不可以僵化。

比如，NOKIA 在收掉他們的手機業務時，還是通訊手機市場的第一大品牌，就如同他們的 CEO 所感嘆的，他們「沒有做錯什麼。」

他們只是沒有看見未來。

柯達軟片在下市之前，也維持了百年大業，仍是軟片膠卷的第一大廠商，他們的確不忘初心，一直做著同樣的事情，也不斷改善沖洗技術，然而有一天覺

→ 你想像的「正常」人生

終點

1　尋找你的人生星球系

→ 我覺得比較有趣的「通才」人生

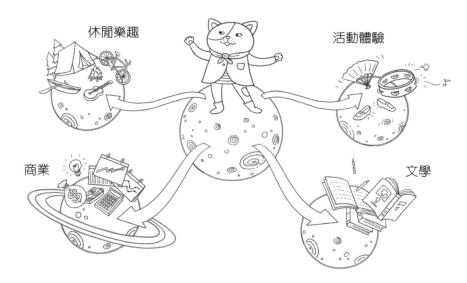

你想像的正常人生 v.s. 我覺得比較有趣的人生

醒時發現全世界的人比較喜歡走更容易的那條路，數位相機淘汰了膠卷。

你原來的路不一定是最好的路。

亞馬遜剛開始成立時是在賣書。它如果不忘初心只想當文青平台而不思改變，我相信它度不過危機，現在你根本只知道這個字和雨林有關係。

過去的「正常人生」模型，把人生視為一條單向道路，我們就只能往前走。在我出生的那個年代，人生最好的出路就是去當一個月月領薪水的公務人員，每年可以放寒暑假的教師更是首選，這二者都有「夠豐厚」的退休金可以養老。

以前，一個「有計畫有目標」的人，就是可以用簡單的思維把一輩子「打算」完，從年少時就直接想到退休金，年少努力就是為了要年老時安逸。後來，退休金不斷因政府財政困難而被削減，但這不只是此類人生最大的難題。

它的最大問題在於，你從來沒有想過，自己想要過什麼樣的生活？有沒有一些事情，你是為了自己而

努力，而不是為了老的時候有人奉養？何況，在持續性通膨影響下，你現在覺得夠的，十年後可能就不夠了。

從二十歲就為了養老而努力，等於是在起點就為了終點而賣命。以前在大學演講，我會跟學生們說，如果有人對於你未來目標的提議，只想到有沒有退休金，那麼他們不是為你好，是在害你！

看看我畫的簡圖，其實這是一個簡單的星球系。你可以像馬斯克一樣一直向火星航去，並且不管別人如何訕笑，堅持人類的出路就是去火星移民。不過，你也可以企圖走走逛逛，在自己的火箭燃料夠充份的狀況下，遊覽你想要去的每一個星球。

人生有限，你可以逛的星球恐怕也沒有很多。

但無論如何，可以把人生畫成一條不歸路。

你自己要成為一艘太空船，或者一個移動的行星。

這樣的星球系模型是不是比較有意思？

誰說你一定要走別人認為 OK 的道路？

商學院的 80/20 法則還有行為經濟學的「從眾效

應」鐵錚錚的提醒你：其實，跟著大多數人，你通常只會變成一個……沒有意義的噪音。

你值得為自己尋求專屬的星球系。雖然，在尋找的過程中，大部份的時間，都沒有躺在沙發上追劇那麼輕鬆；但相信我，自己上場去主演肯定比較好玩。

＊

不要把吃苦當吃補。過苦，可能不對。

有時你仍然需要下決心在主要幹道上一路走到黑，不過，只要活著，你還是可以自由移動到自己感興趣的小道上。也許某些小道，後來會被你走成康莊大道，只是你當時忽略了它，並不認為那是一條好路。

於是我做了好多在別人眼中所謂的不太相干的事情。比如我大學其實是念法律的，也念完了，但我深知自己對於「框限」人類行為而產生的法律條文沒什麼興趣鑽研；又因為「實在不想要有人在倒楣的時候愁雲慘霧的找我」，捨棄了原來想要當律師的志向。我不是念文學的，但也成為一個出書的作者，而後來還以一個非文學院學生的身分（當時沒有輔系制度）

考上中國文學研究所。當了寫作者之後，又在一次非常令人錯愕的邀請之下，臉皮很厚的當了電視節目主持人，自此竟然在電視圈主持了一些節目，持續超過二十年。後來又在疫情期間「亂入」了自媒體，錄製Podcast《人生實用商學院》和《人生不能沒故事》長達數年。他們說「日更」很難，怎麼會？講話很能解悶，特別是對於我這麼一個很難「亂聊」的人。

🚩 忽視外界噪音，學會畫界線

可能是因為我做的事情都與傳播相關，而我又喜歡用臉書當日記記錄生活（當然這種日記不可能是什麼陰暗日記。我很清楚，什麼話該講什麼話不該講，在自媒體仍得要用大腦，不然記者與某些有目的的攻擊者會如鯊魚一般衝過來），所以看起來很忙。

常有人問我：「你怎麼忙得過來？」

甚至用好心人語氣勸我：「何必這麼忙？人生就

是要享清福。」

去念歷史博士，有人問我：「你幹嘛自討苦吃？」（你真的不知道進入時光隧道的樂趣無窮。）

去念商學院博士，有人說：「你錢還賺不夠嗎？」（大誤，如果有人念博士是為了賺錢，肯定走錯路，腦袋本身就大不清楚。）還有一個大學時代的同學在群組裡教訓我，說人年紀大了，應該要修身養性，不假外求，去念佛學豈不更好？我只能笑笑，自己在念宗教哲學，只有自己修的是世間第一等法，還是心有罣礙。

反正一個人到了中年之後，如果多做些什麼事，或者在別人看來還很忙，還沒有辭工，沒有含飴弄孫，那似乎有點踰矩，恐怕就是會被比較閒的人叨唸，並且猜疑其動機。按照台灣人的邏輯，肯定還加上一句「人要知足常樂，夠用就好」。

別人覺得對的、好的，對你不一定受用。

知名的心理學家阿德勒有一本書叫做《被討厭的勇氣》。我因為自小處處反骨，很少聽什麼長輩的話

刻畫人生模型，總是按照自己的願望而行動，所以也習慣有一些「被質疑的勇氣」，還有「把不相關人的質疑當成耳邊風」的勇氣。

你，又不是我，又不了解我，可不可以管好你自己的人生？不要對我的人生有那麼多意見？

年少的時候，的確是還掙扎過的。但是人如果按照自己的方式，又能夠證明自己的選擇好像大多沒錯，那麼心裡就會有一種「底氣」，知道外在有太多的噪音，不管他們是誰，他們反正都不是你，甚至和他八竿子打不著。

你，要學會畫界線，不要把自己的人生老搞成記者會，不管做什麼小事，都要徵求他人同意。有關這一點，所謂界線的研究，我很有興趣，也有一些經驗，容後詳細說明。

相信你看多了那種狗血型的記者會：某明星有了外遇，還要開記者會來公開道歉……大家習以為常，萬一他不道歉，大家又一起怒而攻之。其實我每次看了類似事件，都想要說：他是不是跟女友或老婆道歉

就好了，跟我們這些根本無關的人道什麼歉？

只把時間花在討論「熱門議題」上，很可惜。

藉著關心與投入那些不相干的事情，加入三姑六婆巷議街談的人，常因這些短暫的突發性事件而忘記了自己人生的長期課題。

也就是說，為了逃避自己想要的人生，才積極涉入別人的人生。

那些管太多別人的事的人，人生中最重要的事，應該是趕快掉過頭來，面對自己的欠缺與需求，好好增補才是。

管別人的事比較不費力，也不用負責任。

別老是指責別人家籬笆內的樹木形狀難看，快整頓自家雜草橫生的花園吧。

你的人生，正欠著一個主人來發號施令呢。

這是我的真實觀點。所以我一直覺得那些在網路上當鍵盤俠的酸民很可憐，他們那麼努力的充當野犬闖進別人的花園便溺或破壞，還希望藉此行為征服對方。哪裡有可能？肯定是認知錯亂。

如果你想要有自己的人生星球圖，那麼，的確要：

一、避免自己成為人家的噪音。

二、避免人家成為你的噪音。

然後，我們再來談談，如何「稍微」改變自己。

剛開始總是難的。

如果你想到的是「翻轉人生」，那麼一定難上加難，感覺就會像在一個月裡面要從一百公斤變成林志玲一樣。那不如回被窩裡睡覺，在夢中想一想就好。

我想要分享一個小方法，當然也不純然是獨創的，叫做「只改變一點點」。只改變一點點，真的，一點也不難，每天改 1% 就好。

*

我以前很喜歡這首詩，其實就是一首人人琅琅上口的詩，但年少鄉下小孩的我讀了此詩，驚為天人。在我的內心裡，知道我不必太和別人一樣，我們就分頭而去，別牽掛我！

林中兩路分殊，我選擇了人少的那條，一

切從此改變。

　　——美國詩人佛洛斯特（Robert Frost）〈未行之路〉

　　我常選擇比較少人走的，或我覺得應該比較充滿未知的那條路。

　　在感情的選擇上，肯定不那麼平安。但是在人生方向上，仍然多了嘗試未知和迎接挑戰的勇氣。

　　何況，多元社會中你擁有的選擇不再是兩條路，你可以建立自己的星球模型。

　　你不會因為十八歲時選的志願，二十五歲時選的人而決定一生成敗，當然也不會因為一時的錯誤而葬送一生，所以你應該比前人更勇敢。這是開放時代的多元趣味。

　　來吧！狠狠把這一生活出價值來。畢竟在自己的路上跑到死，比癱在床上等死好，不是嗎？

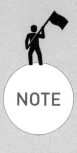

NOTE

_____

_____

_____

_____

_____

_____

_____

_____

_____

_____

_____

2

誰的猴子誰解決！
揮別身上不屬於你的猴子

很多人是被別人甩來的猴子壓垮的。

什麼猴子該接，什麼不該接？

清楚分辨，那麼你就不會成為「老是為別人餵養猴子」的

溫床。

你想改變自己嗎？

在我觀察，當人無能於改變自己的時候，通常會把力氣放在改變別人身上。

對別人的人生指手畫腳的，就是這樣的人。

因為那樣，彷彿可以在自我意識中抬高自己的身價，而且可以逃避自己的人生責任。那些以自己的政治傾向和宗教為唯一真理，企圖以言辭或行為強迫別人跟自己一樣的人，多半屬於這一種。

父母和子女的關係亦同。越不能夠認同自己人生成就的父母，越想要徹底掌握兒女的所有選擇。

鍵盤俠或肆意以言語破壞的攻擊型網軍就更不用說了，請問哪一位有自己真正的人生成就？一時紅火，之後也會出錯。因為攻擊型人生無主軸，只以他人為主軸。

內心空洞的人，才會想要尋找各種方式讓他們覺得自己好棒，以攻擊來換取他人的注意，獲得一小撮的成就感。

這就不好再說得太白了，相信你的身邊有許多這樣的例子。

你所能做的，其實就是劃清界線。

▟ 有界線才能做自己

阿德勒心理學講的「課題分離」就是這個意思。當你想要一股腦去涉入一個事件時，你最好搞清楚，這是誰的課題？

與你真的有關係嗎？

就算是親如父子母女，就算是兄弟姊妹或至交，如果對方已經不是嬰幼兒，那麼，請看清楚，你可以提供支持，但不能老是為他出頭或收拾善後，否則別人的課題就會像一隻猴子跳到你的身上，變成你背上的猴子。

背上的猴子，是一位企管顧問的有趣理論。在此，我簡單解釋：也就是每個主管常常碰上屬下或同事把猴子丟給他，讓他負擔日重，而屬下凡事甩責，日趨無能。比如做一個專案，下屬會問主管：現在出現一個問題，請問我要怎麼做才好？

屬下會這麼丟猴子，把問題拋回給主管回答，真正的心理原因在於：如此一來，他就不必承擔最後的責任，因為這是主管選擇的。

話說，我的公司裡曾經來過一個名校畢業生。

真的是養猴子大王。他離職，不只是我，全公司都如釋重負。

我投資的公司有個電商平台，他雖然掛專案負責人，但是他做的永遠只是「丟工作」給我。只要有廠商送來樣品，毫無觀察與判斷，甚至自己也不試用，不做市場比價，全部丟給我，讓我做所有決斷。

那一陣子，我成為他的工讀生，應接不暇，替他當守門員，判斷這個東西可不可以在平台上販售。

剛開始，我的確認為，同為他不熟悉業務規則，我應該做一兩個示範案例，告訴他如何分析利弊得失。

但也就因為我一開始承接了猴子們，讓他業務推展輕鬆順利，領到豐厚的業績獎金，於是有更多猴子甩到我的背上，連半夜也會有猴子跳過來。

例如文案，剛開始我幫他一句一句改正，改正不

了我就重寫，最後竟變成：「那就你寫好了，我就不會有錯了。」

我和他談過，「就算不要當我是老闆，但我也不是你的工讀生，你要自己有判斷能力。」不過，他「不決定」、「不評斷」的理由也很堅強。比如說，在把案子秀給我決定前，他完全不跟廠商事先詢價或商議合理價。他說：「如果我先跟廠商談論價格，然後你卻覺得那個東西不好，不願意在平台上販售，那麼我不就白做工了？」

也就是，他非常堅持我要「手把手」的當他的工讀生，處理所有猴子。

因為不願做白工，所以，他送來的資料永遠是零散破碎而未經整理，只要收到什麼，就 pass 給我過濾，他就不用負責任。

說真的，他沒有來幫忙之前，我真的沒那麼忙。

他來公司之後，我變得隨時都可能因他而忙，背上隨時都會跳上猴子。公司明明有 SOP（Standard Operation Procedure 的縮寫，也就是常在職場上聽到的

「標準作業程序」，簡言之，是依照某個事件的操作步驟用標準化方式來執行），他卻沒有一一檢索，自己感覺 OK 就好，於是他的專案出現了許多爛攤子，甚至第一次出現廠商被他激怒，單方面終止合作的情況！在他離開後三個月，公司的同事居然還在收拾一些後來才出現的猴子。

也是在他走了之後，其他同事才說，他從不解決客服問題，反正也有平台上更常在線工作的同事「順

有沒有人一直把猴子甩你身上？

背上的猴子

便」為他解決。而他還老是炫耀自己又兼了多少差（我們公司並沒有強制每個人要打卡）。

如果你覺得他應該年輕，那可不對。都已經過了不惑之年，頂著那樣的好學歷，但是工作一直很不順利，必然不是運氣不好的問題。

老是甩猴子到別人背上，是他的根本問題。這個問題的根本在於：只想把事做完，不想做對、做好。這是一種習慣，改不改和學歷無關。

＊

什麼猴子該接，什麼不該接？

清楚分辨，那麼你就不會成為「餵養猴子」的體質。

很多人是被別人甩來的猴子壓垮的。你背上的猴子太多，你會感覺諸事紛擾、壓力沉重。然而，那個不斷把猴子甩到你身上的傢伙，其實也不會過得太好。因為，如果他只要背上有猴子就甩給別人，之後可能會出現幾種狀況：

1. 反正你會幫他扛所有的猴子，他就不斷製造猴子甩到你身上，沒有人想跟他合作。

2. 他沒有學會任何處理背上猴子的技能和經驗，因此零成長。

3. 萬一有一天有人不願意幫他揹猴子了，他就會恨你，怪你寵壞他，他才沒有具備應該有的能力。

一個活得好的人，必須願意始終把自己的猴子扛在自己的背上。

而且，想辦法讓自己背上的猴子用合理的方式回歸牠們的森林。

越扛越重，當然不是辦法。

雖然很多猴子是消滅不了、或者甩不掉的，但是你必須能夠讓這些猴子減肥，至少不要呼朋引伴而來，成群結隊到你的背上安棲。

你的能力越強，你當然能扛住更多的猴子。如果你願意，也覺得愉快。

一般來說，自己找的猴子會讓你扛得愉快些，不久，那些猴子會訓練你的耐力，甚至還可以變成你的未來小幫手。

讓猴子回到該揹的人身上

學會處理猴子，牠們會反過來幫你。

會變成幫手的猴子來自於你為了學習某種技能或吸收知識而給自己的挑戰。

我背上當然也有不少殺不掉、揮不開的猴子，不過，我會盡力把牠們的重量控制在我可以承擔的程度。

*

猴子，不只出現在工作中，家庭中的猴子也很多。

為了不要讓任何人因為對號入座而感到不安，或引起各種不必要的猜測，以下我都用故事方式陳述。

阿娟是白手起家的女創業者。

阿娟的母親過世之後，父親有了女朋友。本來阿娟也覺得，有個人陪父親挺好的，抱持著樂觀其成的態度。

不過，問題出在女朋友不只一個。而且來者的動機也有點「詭譎」。

阿娟的父親是公職人員，二十年前就領有退休俸，

早期退休俸相當豐厚。可能就是因為這個緣故，母親晚年受癌症折磨的時候，父親身旁就有人替他介紹女朋友。

終身俸雖然不多，但可是一大吸引力啊。某位父親的「好友」怕父親寂寞，介紹的女朋友從三十歲到七十五歲都有。

某天夜裡十點半，阿娟接到父親打來的電話。八十歲的父親非常焦慮的說，請她打電話給麗美。

「誰是麗美？」

父親欲言又止。

因為沒有干涉父親的交友，所以她並不知道這個「阿姨」是誰。父親解釋了老半天，原來麗美是目前在照顧父親的一位七十歲阿姨。

她只從父親出遊的照片看出，麗美仍然風姿綽約，的確不像七十歲。

「為什麼要打給她？發生什麼事？我不認識她呀！」

又問了半天，原來父親要跟麗美分手，而麗美不肯，要求補償。

阿娟日理萬機且江湖行走得不算短，馬上明白父親要她幫忙談分手費的問題。

　　她拒絕了。

　　她腦海裡浮現很多畫面。之前，在母親還沒過世時，母親似乎也在處理類似的問題。

　　母親一直很不快樂，雖然在她身為妻子的時候，「不得不」積極處理父親的問題，又為了面子隱藏在心裡。正如古老年代許多「賢能」的妻子，老公有小三，想分手了，就把善後留給元配解決。元配抱持著「反正他願意回頭也是好的」的心理，還會幫忙老公付分手費。

　　一個男人會有這樣的習慣未必是妻子養成。父親「讓女人幫忙解決問題」的習慣，應該也是阿娟能幹的祖母開始培養起來的。印象中，父親只要把不會做的事情交給祖母，自己就沒有什麼責任了。婚後，母親又把祖母代為扛在背上的猴子揹上身，心裡應該也有苦難言。這就是女人難為女人的間接套路。

　　能者多勞，卻從未獲益，因為她們處理的都是爛

攤子。

阿娟決定要當「不孝女」。因為她知道，這隻猴子如果扛到背上來，那麼就代表她成為這個家族的「猴子繼承人」，猴子將會沒完沒了。

她也不想問為什麼父親要她打電話給不認識的麗美，只在當下告訴父親：「這是你的問題，麗美不是我媽，我也不認識，你跟她的感情問題請自己解決。」

後來阿娟才搞清楚，原來父親是為了另一位三十歲的年輕女朋友才要跟麗美阿姨分手的。

父親碰了釘子之後，就改打給阿娟的弟弟和弟媳，要求他們出面代為解決這隻桃色猴子，沒料到兒子、媳婦也拒絕背負。

父親後來還是透過那位一直幫他介紹女友的「長輩」，付了一筆分手費解決掉了。

而那位「長輩」竟然還託人來罵阿娟姊弟，說他們不孝，連自己父親的問題都不願意解決。

這個故事拿來解釋「誰的猴子誰解決」，是挺好的案例，我想誰都不會認為阿娟應該繼承家族中的女

性傳統，替家中那個最會甩桃色猴子的人把猴子扛在自己身上。

你是個界線分明的人嗎？

有些猴子的確被大量放在「不該解決」的人身上。請回答下列問題吧：

- 你認為你有責任幫兒女選擇他的升學志願嗎？
- 你認為你應該用你的人脈幫孩子找工作嗎？
- 成年的孩子買房買在哪裡應該經過你的同意嗎？
- 你認為公公婆婆應該出面解決兒子媳婦的婚姻問題嗎？
- 你認為家族中有人欠下了大筆債務，大家應該要幫忙他償還嗎？
- 某個你喜歡的明星有小三，你認為他應該出來跟大家道歉嗎？

類似的問題，我可以擬出一百個。這些都是把家族視為共同承擔團體的華人社會中非常理所當然的事——我們必須無條件承接親人的猴子，才叫有情有義。

　　在我看來，有情有義沒錯，但請思考：每個人的人生課題，要有界線。別太感性的搞「投名狀」——動不動就說，你沒幫我，不是兄弟。

　　當你看到跳過來的猴子時，請睿智的你在「要不要接」之前先判斷「那隻猴子」是誰的？

＊

　　一個有能力的人，背上當然有不少隻猴子，有的猴子隨著人生成長而來。比如說，你當了父母；或者，你開了公司要付員工薪水；或者，父母年老時的奉養與承擔；或你要養兒育女。

　　當必要的猴子來到你背上時，不要逃，不逃就表示你是一個勇敢的人。你可以為自己鼓掌。

　　但是不要因為接了一隻隻亂跳過來的猴子就覺得自己很棒。

⚑ 該你的猴子多接一點沒關係

其實有成就的人，身上的猴子都很多。只是，有所接，有所不接。

這個時代變動很大，平台也不斷的迭代，幾乎每個企業都在為生存而戰。不少的企業家心裡都是這麼想的：

「我不是只為自己而努力，我公司有一百個同仁，我身上就揹著一百個家庭的幸福，所以我不是只為自己的財富而努力。」

除了為自己，也要有利他的胸懷，才能充滿使命感的穩步向前。

說到利他，我們來談談過世不久的日本經營之神稻盛和夫。

當可怕的大猴子忽然跳到背上來時，他怎麼做？

多年以前，他一手創辦的京瓷曾在未經法律許可的情況下，製造了醫療用的人工膝關節。這件事，當時被日本媒體視為公司違法醜聞，每天都有一堆攝影

機在公司門口等著稻盛和夫，對京瓷展開嚴厲的批評，還引發了大規模的醫療糾紛和賠償事件。

雖然這個事件屬於行政程序上的問題，也可能是屬下的疏忽，可是沒什麼好推諉的。稻盛和夫身為負責人，選擇不做辯解，扛了下來，在攝影機前頭一再道歉。

他後來的書中竟然寫道：京瓷所引發的危機，讓他逐漸體認，災難是來「消業障」的。企業經營不可能一帆風順，面對危機應該感到「高興」，就算心裡本能上實在不太高興，也要發揮理性與正向的精神，讓自己開心起來，面對和解決問題。

據說這個心態的轉變是從他的朋友，一位日本禪宗的擔雪法師請教而來的。當他深覺委屈而且身心俱疲時，擔雪法師給他一杯茶，對他說：

「災難降臨之際，也就是過去造的業障即將消失之時。如果受了委屈和為難可以消業障，那我們就來喝口茶，慶祝一番！」

法師沒給稻盛和夫安慰，這個正面解釋卻治癒了稻

盛先生的心靈。他後來思考到，只要企業活著、人活著，災難必然會在意想不到的時候以意想不到的方式降臨，只能面對，並感謝這個鍛鍊的機會，解決之後，能力又會往前提了一階。這也該是一種「逆增上緣」吧。

高齡近八十歲時，稻盛和夫接受當年日本首相的邀請，重出江湖，拯救當時瀕臨倒閉的日本航空（JAL），也是抱著這樣的心情。這家公司沉痾太重，都快破產了，政府也束手無策。他卻只用了四百多天，就讓日航轉虧為盈，而且解決了公司沉重的體質問題，這也是全球商學院的經典教材之一。

日航這隻大猴子，並不是他的責任。事實上，剛接任時他也明白，不一定扛得起。然而，他扛了。

日航復甦，重新上市之後，稻盛和夫又立刻退出經營前線，只擔任「名譽會長」，悄然而退，卸下了猴子。

沒有人天生偉大，稻盛和夫也曾在自傳中提到自己為什麼勇於承擔。他說：年輕時也曾對自己的境遇充滿牢騷、抱怨；不過，問題在於，抱怨時反而沒有

一件事的進展是順利的。但坦然接受，並下定決心尋找解決方法之後，人生從此順風許多。

如果是一隻你真心願意扛的猴子，那麼，接猴子時請微笑。

*

當猴子來時，先思考你是不是真的該接受牠？

若已接受，面對已經在背上的猴子，大概只有一種處理原則：

想到解決方法，讓牠消失在你的背上。更好的策略是，把牠變成日後的人生助力，牠可能也教會你很多。

千萬不要莫名其妙的接了牠，然後一輩子抱怨牠，還幫忙把牠越養越大，讓牠越生越多。

如果還來得及把猴子還回主人的話，那麼，還給他！

3

拒絕內卷的活
1％的「自我更新可能」就出手

我們都渴望財富自由，財富自由至少可以買到你的人身自由，不再為了衣食飽暖而擔憂。可是如果你只安於財富，只希望躺平在你的安逸裡，不再有任何新的能量或進化，那麼你整個人生也只能像那個「25 號宇宙的悲哀老鼠星球」。

我跟你一樣，很怕收到長輩的「早安圖」。不回沒禮貌；回，又不知道該回什麼。

　　會發送早安圖給我的，也並不限於長輩。不少人年紀比我輕很多，我忍不住想在心裡問：他們到底怎麼了？就算是轉貼，可不可以來個比較有創意的東西？早安圖感覺像「罐頭」資訊，沒有營養。你越發這種早安圖過來問候，我越覺得你不夠誠懇。

　　我也不是只對早安圖有意見。有些人在 LINE 和 WeChat 捎來的資訊也很可怕，道聽塗說的迷信甚至謠言一大堆，什麼熱就關切什麼。選舉期間，群組裡頭還有藍綠大戰，好不熱鬧。也曾經發生過某個宗教批評其他宗教的……，不然就是在講某個不在群裡的同學的八卦，還渲染了一番。之前台大某社團同學的群組，就是這個樣子。我一直覺得，一個人發出去的訊息，就算是轉貼的，也該是經過自己腦袋篩選過的。還有些老早被證明是謠言的訊息比早安圖糟糕，至少早安圖並不企圖恐嚇人或宰制別人的思維。

　　老同學們之所以日後能夠組「三十重聚」，的確

拜社群媒體之賜。否則，大家在畢業後各奔前程，都已失散多年，實在很難重聚。但重聚之後，糾紛又起。有一天我決定不要再點開它，於是就悄然退群了。微信群組的退群，大家不一定會發現。還有一個「折疊功能」可以「假裝」自己還在群組內，卻不會接到通知，可以不看到那些無聊的消息；LINE 比較難，就算悄悄退群，會出現一小行公告，大家還是會知道，所以根本沒有「悄然退群」這種事。

某同學私訊問我怎麼了？為了不傷情面，我只好說我換手機，不小心退了群。

「哈，我知道妳這是表面話，其實我也很想退出啦，當他們在為政治吵架的時候，我心裡也在想，都多大年紀了，有完沒完？講贏了人家就會服你跟你投同一個人啊？我看他們是太閒，人生內卷。」

提到內卷這個詞，我會心一笑。

「人生啊，沒有新把戲，就會玩內卷遊戲。妳有沒有發現，後來活得越沒成就的人，越愛當『團主』，然後想要掌控整個群組？」

我贊成。

這同學跟我一樣，在人生的下半場，仍然是個熱愛挑戰的過動兒。雖然人生看起來很單純：從研究所畢業之後，只在一間公司工作過，娶了個老婆生了兩個孩子，都專一到單調的地步。不過他的休閒生活可精彩了，我不過是跑個 42 公里馬拉松就自誇到天下皆知，人家他參加的是超級鐵人 226K！至於三鐵，也不過是一片小蛋糕。

這都是中年時培養出來的樂趣，沒試，也不知道自己原來竟然做得到。

人生不是一定要攀上青雲梯，只要在某個你想要突破的地方，持續前進，就不會內卷了。

*

在我看來，內卷的確是很可怕的。

曾有人研究疫情蔓延的這兩年，年輕人最流行的兩個詞語，一是內卷，一是躺平。

在我看來，暫時躺平，實在沒什麼關係。但內卷就比較可怕了，它暗示著自我消耗，自取滅亡。

提到內卷，必須先來談一個25號宇宙的科學實驗。

請吸口氣，這個實驗的內容和結果，肯定讓你不好受，但了解商學院的「熵增定律」，你必然會觸類旁通了些什麼……。至少會明白，在原地踩踏，不只是沒進步，還是自找死路，局限自己發展的可能。

＊

早在半個多世紀前，美國生態學家約翰‧卡爾宏（John B. Calhoun）做了一個老鼠實驗，命名為「25號宇宙」。本來的目的，是為了要模擬有限空間中人口密度如果越來越高，到最後會怎麼樣？

他建立了一個「老鼠星球實驗室」。對老鼠而言，這個星球夠大了，這個星球由一個邊長為2.7米、高1.4米的方形金屬柵欄圍成的空間。此外，還提供足夠的糧食。科學家計算過，他所提供的空間和食物，容納三千多隻老鼠也沒問題。

沒有天敵，也沒有天災，老鼠們只要在裡頭就可以不受威脅的好好活。

右為美國生態學家約翰・卡爾宏（John B. Calhoun）

　　剛開始只放進了四對老鼠，老鼠們無憂無慮的繁衍著，當然，剛開始增加的速度很快，兩個月就翻倍，一年後增長率顯著下降。到了 600 天左右，老鼠星球開始陷入巨大混亂，老鼠的行為異常發展：雄鼠搶奪有限地盤、互相廝殺，最後連母鼠也開始參加暴力戰鬥，甚至還會吃掉小鼠。後來不再互相攻擊，但也不再交配，越來越多的老鼠開始將所有的時間和精力都花在自己的飲食、睡覺和梳理毛髮上。（這是不是意味著某種躺平？）從此老鼠星球日漸混亂，最後一隻

25 號宇宙實驗

老鼠的生命結束在 1973 年，也就是不到五年，老鼠烏
托邦中最後一隻老鼠去世，25 號宇宙實驗徹底結束。

約翰和後來的科學家們也進行了各種不同的老鼠
星球模擬實驗，得到的答案殊途同歸，也就是封閉空

3　拒絕內卷的活

間之內，就算沒有外敵威脅，生物終將自行滅亡。

從這個實驗，你領會到了什麼？

這個實驗叫做「老鼠烏托邦」。約翰・卡爾宏將密閉空間內鼠口達到一定臨界點時產生的行為混亂稱為「行為沉淪」（behavioral sink）。我今天要講的不是人口密度過度發展，人類終將滅亡的悲劇問題。

這近似來近年商學院中很熱門的主題「熵增」的源頭。

不同的學者對此實驗有不同的引申和解釋。

我想用它來簡單的說明一個道理：放在人生上來說，不管你活得再好，如果你停止了向外探索，那麼你閉鎖型的安逸終將成為滅亡的理由。

聽了這個實驗之後，你真的覺得一般人心裡想的「只要財富自由，那我就可以高枕無憂」是真的嗎？還有「退休之後，就不用為五斗米折腰」是個美好的嚮往嗎？

這 25 號宇宙可能蘊含很多隱喻。顯然，如果一個人的腦袋就是一個星球的話，故步自封、不假外求，

沒有任何挑戰和壓力，也不會是什麼好事。

　　商學院拿它來說明一個道理：當一個組織無法有效對外擴張的時候，因為資源配置終有局限，會導致內部各個個體進行低效而無益的競爭，也就是內卷。最終就會導致整個組織的消亡，此為「熵增定律」。

＊

　　「當一個組織發展到極致，上上下下開始自滿的時候，也是它開始崩潰滅亡的危險時刻。」和田一夫這麼說。

　　曾經是日本知名企業「八百伴」的創辦人和田一夫，從白手起家到世界首富，多年後又成為破產的企業家。他也是曾紅極一時的連續劇《阿信》原取材人物的兒子。最後破產時他已經七十九歲了，不過，那年他反而能夠開始他的新人生，換了另外一種態度在生活，甚至還講出：「我一無所有了，但今後只會變好，不會更糟。」還有「雖然沒有翅膀，但我還可以飛翔」等充滿勵志力量的話語。破產後的他當然憂鬱過一陣子，讀半年書之後決定重新出發，一直到九十歲過世

前，他還興致勃勃在各地奔波演講，當企管顧問，幫年輕人找到創業利基，並且教導他們避免失敗。也讓他輔導的企業成功上市。

📇 再怎麼困難都不自我消耗

他花了人生最後十年的力氣仍無法彌補自己破產所造成的顧客、員工和股東的損失。但是他在暮年的奮鬥，反而比中年成功時期更讓他充滿使命感。我曾經讀過他的傳記故事：二女兒結婚時，正是他人生的巔峰期，全世界政商名流中，有兩千人參加了二女兒的豪奢婚禮；三女兒結婚時，他已經破產，賓客只有親友九人。

相信你看了這個婚禮的數據之後，肯定不會認為只有九人參加的婚禮會比兩千人參加的婚禮不幸福。而且你可能跟我一樣相信，這對只有九人到場仍然牽手一生的年輕人，不在財富的傘下被歌頌祝福，更可

能是真愛。

從和田一夫的人生故事來看，人生有災變更有活力，更讓他找到了生存的動力。

是的，我們都渴望財富自由，財富自由至少可以買到你的人身自由，不再為了衣食飽暖而擔憂。可是如果你只安於財富，只希望躺平在你的安逸裡，不再有任何新的能量或進化，那麼你整個人生也只能像那個「25號宇宙的悲哀老鼠星球」。

烏托邦並不那麼甜美，如果它是個封閉體。

你可以因為自己目前擁有的一切而快樂，但是不再進化並不會真正使你知足常樂。

從這個觀點來看，我們或許都要感謝人生的波折，它們不是障礙，是它們使你找到不內卷的理由。

*

內卷，involution，來自於 evolution（進化的意思），前面加上了「in」後就變成了向內消耗。

一個人的內卷是什麼？

你自卑、退縮、自我懷疑、自我耗弱，你必內卷。

用成語來形容，通俗得不得了，叫做不進則退。

你老是像鴕鳥把頭埋進沙堆裡一樣不看現實變化，必內卷。你老是在可以接受挑戰的時候像斑馬一樣逃亡，必內卷。你說自己老狗學不了新把戲了，那也必內卷。

器官不用，必內卷。不用膝蓋，並不是保養它的道理，必定不良於行；不用腦，也不會比較舒服，因為腦會退化。正如和田一夫在破產後說的：「我有許多朋友都很偉大，但健康都有問題。我因為失敗要努力復活，必須用腦，一定要用腦才會健康。」他到九十歲時，腦子和身體都很好，因為他不得不努力拚搏。

＊

新時代的熱門詞「內卷」，本質上是個老掉牙名詞。

從變動中得到樂趣，是一種能力。且不要因為擔心內卷，就瘋狂的追著新時尚及新資訊跑。社會變得這麼快，你不用擔心跟不上，因為你有自己的跑道。

可是你得還在跑！

我常聽到年齡差不多的朋友對我說：「唉呀，你怎麼做那麼多事，我都看不到你的車尾燈了！等等我行不行？」

「看不到車尾燈」也是這些年的流行語。其實我對這話也有意見。

這話是挺幽默的，但是我的心裡的 OS 是：你本來就看不見我的車尾燈啊，其實就算你在我前頭，你轉頭也看不到我的車頭燈，因為我們根本不是在同一條跑道上！

我們甚至是在不同的星球上，不同的銀河系裡。

真的，「你有你的，我有我的方向。」（徐志摩‧〈再別康橋〉）沒有誰會看到誰的燈。

你只要管你自己。當你覺得怎麼越活煩惱越多，恐怕也不是外界紛擾的問題，而是你的人生已經開始內卷，千萬別把自己的責任推卸掉。

如何不內卷？恐怕只有應變。

被動應變並不舒服，怎麼老是在解決生活帶來的

垃圾？沒有人希望每天都在做沉沒成本的清道夫。

不是叫你一定要跑馬拉松，就好像我也跑不了我那位剛猛無比的同學的 226 公里一樣，但是我可以不斷的從參加世界各地的馬拉松比賽中得到樂趣。

重要的是身體，還有你的腦，需要一起配合你有趣的人生。

劉軒在他的 Podcast 中訪問我的時候，曾經問我：妳好像做很多事都胸有成竹，也能做得不錯，請問妳要有多少把握才會出手？

我的答案，如果要數據化的話：我想做的事 1% 的機會就出手。

或者說，只要機率不是 0！

我不是比較勇敢，我只是比較怕無聊。人一無聊，就開始內卷。

開始內卷，就會習慣一直卷，創造了許多假想敵，越想越害怕。

恐懼和擔心，如果能夠讓你保持應變的機警，就是好東西；如果讓你內卷了，肯定就成為自己的殺豬刀。

你從小應該常常聽到長輩們為你擔心這個，擔心那個吧？他們的擔心發生了嗎？請問他們的擔心，到底是為你帶來助力，還是阻力？

　　我相信是後者，擔心是老人送給年輕人的最沒效用的禮物，而且還讓你聽了就覺得煩。你憑什麼奉送給下一代，或給別人？

　　如果擔心只是一種「寒暄」，被擔心者並不感覺溫暖，那麼，送來鼓勵或助力如何？

　　至於恐懼，只是因為你害怕失敗。

　　誰說一定要成功才能進行？難道你要確定自己能考一百分，才願意進考場嗎？

　　那些讀不好書或老是說自己考前失常的，恐怕都有「一百分我才要進考場」的心態。

　　怕失敗者，往往更容易失敗。

　　送你一句話陪伴你的恐懼，前南非總統曼德拉說：「我從來沒有失敗，我不是得到成功，就是得到經驗。」

　　當然，還有更重要的一句話：「試吧，萬一成功了呢？」

我更喜歡這句耐人尋味的話：「失敗，只是晚五分鐘的成功；成功，只是晚五分鐘的失敗。」

其實人生一切終歸虛無，那麼，你在擔心什麼？

擔心你失敗了，有人笑你？

不，你其實在每個人心裡，都沒有那麼重要。

就算你名滿天下，你失敗了，也只不過是人們茶餘飯後的短暫話題。世界並不真的期待你什麼，嘲笑你的人，只是在安慰懦弱而不進取的自己。

＊

其實，你也從來不會失敗。

有什麼1％就出手的事情嗎？在你的人生中。

如果你習慣挑戰新事務（當然是你想做的），那麼習慣本身會養成習慣，勇氣會自然而然冒出來。

盤點人生記憶的話，我從小的確做了許多1％就出手的事情。

比如說，我從鄉下來考北一女，成功率不到1％，對吧？（以下並非為了炫耀，所以請你忍耐一下。）

當作家的人肯定不到人類的1％。

在二十出頭就有出書機會的人，也不到 1%。

以我這種身高和長相在電視圈能當主持人，機率也不到 1%。

我生第一個孩子的時候超過四十四歲了，成功機率也不到 1%。

四十八歲之後才完成第一個全馬的女性肯定不到 1%。

五十五歲之後才去念博士的人不到千分之一。

可以在疫情期間靠著線上課程修完博士課程的人肯定也不到人類之千分之一。

話說在疫情期間，我反而完成了許多事。因為「被關起來」深感無聊，怕自己內卷，我還做了《人生實用商學院》Podcast。未來還會不會繼續受歡迎，我無法保證，決定權不在我。我能決定的是我對內容的掌握與努力。事實上受不受歡迎，也不是最重要的。我做得愉不愉快、我是否可以從自己的講述中獲得一些更深的體悟才是最重要的。

當時的開始是個烏龍，是作家黃大米問我，我可

不可以上她的 Podcast？我根本不知道那是什麼東西，只因為她很有趣，就讓她來家裡。她拿了個小錄音筆到我們家，我開心的回答完她的問題之後才問她：那是什麼？

聽起來就是一些人在做自己的廣播電台。她問我：「妳要不要也做一個？我幫妳把這集放上去？」

我說好。

你明白的，新媒體的流量是個祕密，我也不知道他們怎麼算，只大概猜出為了對新節目表示嘉許，新節目有紅利。

它登上了十名之內。

我就有點不好意思。那這樣不做下去，讓人家等太久不好吧？於是我開始也學大米用手機做第二集、第三集……，反正我非常習慣自說自話，就像現在坐在電腦前面叮叮咚咚打稿一樣，而且還會自得其樂。

《人生實用商學院》這個有點俗氣的名字，也是隨口說說的。

之後有個不太有禮貌的傢伙在評語欄留言：「過

氣老藝人不要來蹭新媒體，回去社區大學教書吧。」
嘿嘿，如果我不是常被人家射暗箭，我可能會難過，
但是他顯然不夠了解我。按照阿德勒的說法，我做我
的，關你什麼事？是誰家的狗跑來別人的花園撒尿，
關心你自己的人生課題行不行？

這讓我決定更努力，來個「日更」吧。每天更新
的動力比隔了幾天提醒自己更新容易，且更容易養成
規律。

日更對我並不難。首先是不假外求，我自己可以
講，而且每天都在讀書和企圖吸收新知，從歷史到商
業到我喜歡的各種學問，都可以講（這的確跟活很久
正相關）。講話也不難，拿著麥克風當專業主持人講
了二十年，其實我對別人的腳本和八卦話題已經相當
厭煩，就讓我講些知識性話題吧，我來改變自己所不
喜歡的生態系。

其實日更比周更不難，定期比不定期不難。

不相信？

我相信「均速」比較容易。只要輪子開始滾動，

那麼若不停下來，你就不用每天加速驅動，不是嗎？

　　亞馬遜的運行，就是用飛輪理論。簡單解釋：飛輪是一種重型旋轉輪，當靜止時需要花費許多精力才能使其轉動，但當它找到動力時，將會越轉越快。飛輪持續轉動後能夠用更少的力氣和能量，達成更有效率的運動。可以用在企業上，也可以用在你個人的各種實際學習上。

　　飛輪理論是知名的企管教授，寫《從 A 到 A+》的詹姆・柯林斯（Jim Collins）所創設的理論。我可以講得更簡單一點，也就是火車在剛開始時，是需要比較多動力才能推進，但當你習慣前進之後，只要一點點力氣，就可以讓它在軌道上前行。

　　這是我淺化過的企管理論。

飛輪效應

剛推動新任務或新事業，就像剛推動輪子一樣，剛開始會有點阻力，若能一再對同一方向累積動能，過了某個臨界點，就會愈來愈快。

等過了某個臨界點，不用費力，也能愈來愈快

往同一方向累積動能

加上動能 **1**
啓動

挑選合適的人選，確定方向，一步一步慢慢來

加上動能 **2**
應變

找出障礙，修理問題，得出核心的祕訣

加上動能 **3**
系統

建立屬於自己的系統，繼續前進

未知

3　拒絕內卷的活

🚩 Just do it！如果損失可控

有關於我開始做電商，也在疫情時無意間起了頭，其實剛開始共有三個原因：

1. 反正我被關起來

2. 反正我喜歡嘗試

3. 反正失敗也沒損失

為了幫助住在我家對面的一位做染髮品牌的台大學弟，他在疫情期間，所有東西都很難賣出去，於是我開始替他賣。不久，一家曾經合作過的科技公司因為營運不良而倒閉，員工沒地方去，所以請他們來和我一起繼續。

這三年的業績已經翻了三翻。我的原則是創造消費者、供貨商與我們小電商的三贏。策略全靠學中做、做中學摸索。三年來能夠創造的價值，雖然談不上讓人瞠目結舌，但也讓當初抱定「能幫就幫，反正沒啥損失」的我進行了一趟驚奇之旅，我們的確讓許多實體商家和品牌避開了在自媒體商業時代的內捲灰色區

域！

是的，1%就出手。

我指的不是買股票或投資喔。

我指的是人生的新天新地。

你沒什麼好損失。讓我再覆述一遍：你不是得到了成功，就是得到了經驗！

請不要躲在內卷的封閉星球裡。

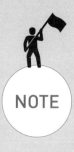

NOTE

4

改變 5%就創造
獨一無二的奇蹟

如果真的想要改變人生，先改變你的慣性計畫。且先忘記
「一定要成功」這個想法，如此，你同時可以減低可能失
敗的恐懼。先告訴自己百分之五的改變就夠了，然後把自
己交給時間的長河。你會知道：你可以到達原本想不到的
遠方。

這不是雞湯，我真的這麼相信。

就如之前所說，你一定找得出自己成為前百分之一的厲害之處。

你跑得很快，碗洗得很好，車開得超穩，圖畫得很棒；你雖然成績不好，但對於某一個科目特別有慧根和天份……，沒有一個人是真的「什麼都不會的」。你認為自己完全沒什麼，那是因為你被「從眾效應」騙了。你竟然想要變得跟大家一樣，還自己騙自己。

遠古時代的人本是群居才能存活的動物，所以盡量要和大家一樣，這成為傳統社會某種生活準則：不揚不露，是以安康。

太特殊了，你就會被發現、被針對、被孤立。成長過程中，我的確一直收到這樣的訊號。類似訊號包括：「因為妳是女生，所以……。」「我們家裡窮，所以妳就安份一點……。不要亂想。」「妳跟大家不一樣，就會成為害群之馬。」

我小時候，媽最常用的指責，就是：「跟人家都沒親像哩。」（台語發音，跟別人家的女兒都不一樣。）

連老師也覺得我想法太多。但是我覺得，我跟別人沒差很多呀。

說實在的，當時的我平凡而乖巧，只是常有一些「靈光一現」或「我覺得這樣才對」的想法，我媽這麼說我，讓我覺得自己是不是哪裡有病，有一種「跟人家不一樣」的記號在我身上。

我到底有什麼錯？

🚩 「跟人家不一樣」是種錯？

其實從小我是個安靜的孩子，不算太孤僻，有不少朋友，按照學校規定交功課，每天準時上學，沒事也只會看看書，就是沒那麼「可愛」。我的成績還不錯，顯然成績不是罪嫌，但我媽卻總是這樣數落我，用一種譏諷的口氣，似乎「想法不同」就是一種不祥。

直到現在，我也想不出當時到底哪裡有不好的行為。後來我發現原因，只是因為她內心的「女性」形

象有一個標準，只要不「柔順」就是難搞。還有，我的「現實我」不是很聽話，跟她希望中的「理想女兒」有距離。其實我也只是在某些事情上比較堅持自己的想法而已。

我媽是個聰明的女人，從她在那個年代，以第一名從蘭陽女中（初中）畢業，成為學校唯一考上公費台北女師（專）可以證明。她也曾津津樂道，她的數理都是滿分。呵，還好我沒有完全像到我那個數學零分、文科獨強的爸爸。

然而，我媽並不希望自己太出類拔萃。在她的觀念裡，女人太能幹是會被社會摒棄的。

她有她的時代框架，下一代很難改變上一代的潛意識。

她是個小學老師，有很多機會可以升遷，不過她放棄所有機會，因為這樣一來就要兼行政職，她說那太累，都做著一樣的工作就好。怕與眾不同是因為太過在意別人說她什麼，只要聽到不好聽的話，就會放在心裡斟酌很多年。她總是不自覺抱怨別人，我爸、

我祖父母、我們這幾個孩子，還有她的朋友。我後來才恍然大悟，原來她抱怨別人只是希望別人聽了能夠稱讚自己。我悟得太遲，在她抱怨老是跟她說「不是那樣」，來不及做一個孝女。

無論如何，我反正不符合「一般標準」。當然，她在我不在場時，也會在別人面前誇讚我，雖然我自己從來沒有聽過。後來才在某本書中看到，怕稱讚別人的人，只是在迴避建立親密關係。

和別人不同，千萬別不安

孩子肯定都會受到父母影響，不過，可能會有兩種發展方向。一個是認同，另一個是反向認同。我很明顯的變成了反骨型。你不認同我，那我就自己認同自己算了。

反正沒有被贊成過，那麼，我就……只問自己的意見吧。

當我發現我想做的事情，可以點燃我眼中之火，我看到那個百分之一的成功可能，就會先試試看那個可能性是不是可以擴大一點？我從來不問別人「可不可以」，來找自己麻煩，還沒做些什麼就招惹來一堆意見，反正不成功也可以啊。

　　慢慢的，成功率提高之後，我行我素的作風就更明顯了。我行我素也許會失敗，可是一直在追求別人認同，機會成本是很高的，你的未來也會變沉沒成本。

　　說完了我的故事，我想問你，你認為：被父母讚美的孩子和壓抑的孩子，哪個會比較有勇氣？

　　心理學家當然會贊同前者：被鼓勵的孩子更有勇氣做自己。

　　不過，我想告訴你的是：後者也可能非常有勇氣做自己。如果你一再被反對、被貶低，那麼無論如何，你只剩下自我肯定這條珍貴的道路。當然，請判斷路可行否？

　　當家庭或長輩不認同你，而你又相信自己有可能成功，你唯一剩下的可行之路就只有自我認同了，不是嗎？

既然無人認同，所以不要尋求認同更省事。

芸芸眾生中，我還是很平庸，那無所謂，我還是在做自己，在走自己的路。和你不同，我真的不會不安，沒關係。

我有我想做的事。是的，和你不同。

我們不是羊群，不必在領頭羊跌入山谷時，盲目的跟著跳下。不要害怕不一樣。

🚩 你肯定是世界獨一無二的存在

在說到改變之前，我必須強調：每個人都有獨立的靈魂。這一點，就算是世界上再嚴苛的獨裁者都無法否認。所以你不需要變成誰。

每個人都是很渺小的，相信你也無法否認。

在宇宙中，我們的命比病毒還微渺。再偉大的人掛點了，地球還是一樣運轉。

雖然微小而不足道，但你絕對獨一無二。從你能

出生的機率來看，你已經勝出許多、克服許多。你之所以來到這個世界，靠的已經是你冥冥之中的最大努力，以及最難得的運氣。

一個人的出生概率究竟是多少呢？有位科學家計算，在地球近八十億人中，你來到這個人世的概率是250兆分之一。

這個概率是以男女平均擁有兩個孩子，以人類精卵相遇的不同組合估算出來的。

你的生命來自奇蹟。連你爸遇到你媽，不管婚姻幸不幸福，你的出生都是機率十分微小的奇蹟。

250兆分之一是什麼概念呢？舉例來說，中樂透獎的機率大概是1,000萬分之一，飛機失事是500萬分之一，兩個東京人在東京街頭相遇概率也要幾10萬分之一。還有人這樣具體的打比方，一袋米10公斤通常有50萬粒，1,000袋米也只有5億粒，你應該想像不到要幾袋大米才能達到250兆粒！

你的出生就比中特獎還難億萬倍！

所以你值得肯定自己。

我也不是天生這麼樂觀，但是我總在尋找可以樂觀的理由，而不是足以悲觀的藉口。

這兩者其實都一樣好找。

如果現在的生活方式不是你想要的，那麼改變就是唯一的路。

在漸漸長大之後明白什麼是應該忍耐的，什麼是可以改變的，你就擁有決定人生走向的能力。

＊

什麼是該忍耐的？在我看來，已經發生了，改變不了的，不用太糾結。「過去的錯失」值得你忍耐，那個叫做「沉沒成本」。

你沒有辦法乘著時光機，像《魔鬼終結者》一樣回到過去扭轉乾坤，所以你必須接受。我相信，你不會喜歡時光機這個概念，因為如果大家都有一部時光機，可以回到過去塗改人生的話，天哪！這個世界會亂成什麼樣子？

該反擊時，請當下就反擊。

別再期待誰為你改變了

那麼，什麼是可以改變的？

是你自己未來的人生。

不過，我們通常都認為自己人生會走到如此這般境地，都來自於別人的不改變。

老婆想著，如果老公會體貼自己，那她一輩子就會幸福；老公同樣也認為老婆如果更溫柔一點，自己就不會有小三。

你想著如果你爸有錢一點，是郭台銘或馬雲的話，那麼你的人生就不會這麼難；你爸爸同時也會想，如果他兒子是郭台銘或馬雲的話，他這輩子就值了。

無意識中，我們想要改變的都是別人。

但唯一可能的改變，只會是自己。

如果你抓住 1% 的可能性，就去嘗試你想做的事，用 5% 的位移自我改變，那麼你一定會變成一個一直對自己持有正面想法的人。

別再期待別人為你改變了，至少我沒成功過。

＊

在這裡我要說一個 MVP 的概念。

這個概念在每一個商學院的創新創業課程中都會教到。也就是：

新創公司總會先把概念打造成一個「最精簡可行的產品」（Minimum Viable Product, MVP），測試消費者需求。之後才會打造完善的版本，改良，或者量產。

其實，仔細想想，這個概念也沒太創新。

因為，新創公司本來就沒有一定成功的理由，通常也沒那麼富甲天下，所以只能小量試營運，哪有能力弄來巨大資源孤注一擲呢？

這些有名的理論基本上都可以運用在個人身上。我們可以把 MVP 運用在人生的改變上，把自己當成一家公司來經營和投資。

我們可以做「最小量可行改變」吧！

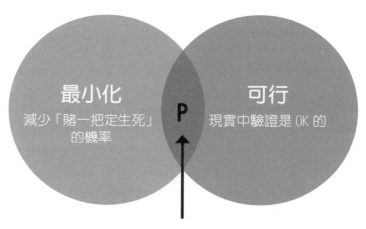

新創公司的最精簡可行產品（MVP）

你應該聽過，在困境中不變也是一種選擇，而且是最壞的選擇。因為外在不斷變化，選擇錯誤不會比原地踏步慘，畢竟錯誤至少會讓你反省。

如果真的想要改變人生，先改變你的慣性計畫。且先忘記「一定要成功」這個想法，如此，你同時可以減低可能失敗的恐懼。

先告訴自已能變個 5% 就好。你高興說幾趴都行。為什麼說是 5%，因為我喜歡 5。

而 5% 意謂著完成二十分之一，已經有點份量。

改變很小沒關係。正因為微小，所以可以繞過或騙過潛藏在你心中的慣性的警戒。打破慣性之後，改變就會一點一點發生。

大多數人都把改變想成天翻地覆的大翻轉，所以選擇在已知的保守中閉門而居。大翻轉會讓你感到自我懷疑，被擔心壓垮，被「我不能失敗」的恐懼擊潰。

其實我開始跑馬拉松時，前三個月的時間，我的確很勉強，根本只有告訴自己：每星期你好歹跑個五公里。說是跑，其實是用走的，小跑步一百公尺，還走兩百公尺，千萬不要以為我一開始就找了專業教練訓練自己。沒有，期待太深，心情就會太沉重。人家我大學畢業前一直是體育低能兒，以為自己能當林黛玉是很文青的一件事。

給自己最低限度的目標，不要期待翻轉，也不用過度嚴格。

我一直在用這種沒什麼出息的 5％改變法。

比如我知道自己肌力不足，但我一點也不覺得去健身房當鋼鐵俠有什麼好玩。我幫自己預約了教練（還

舒適圈、學習圈、想像中的懸崖和山谷

叮囑幫我介紹教練的朋友一定要找個長得帥一點的，不然我可能會缺課），一週只有一次，上完了還犒賞自己一番，吃牛排打牙祭（就在健身房對面啊）。不知不覺，也練了八九年，雖然身形也只是差強人意，離「綠巨人」挺遠的，不過，總是改善了嘛。

減肥亦同，與其立志要減到理想體重，不如第一個禮拜就給自己減半公斤的目標。不是那麼難達到，至少就不會讓你那麼容易自暴自棄。那些用盡極端方法一星期就想甩掉三公斤的，因為太苦，復胖最快。

這和投資的原理一樣。巴菲特說，一般人無法讓財富增值的問題，在於太急著有錢。一急，就沒有章法，就會遇到詐騙集團。不然，你就會變賭徒。

告訴你說可以完全相信他，能讓你的人生發生翻天覆地大變化的，都是詐騙集團啊。

＊

不要讓別人輕易更動你的行程表。

當你決心改變百分之五，你還是要堅守某些原則。比如：如果當天我有健身房的課，卻碰到好朋友從美國回來約我大吃一頓米其林餐。我還是會尊重「先行條款」，不輕易改變自己「卑微的計畫」。如果你輕易就讓突發事件改變自己的規畫，那麼，最終你都不相信自己能堅持什麼了。

所有的「虎頭蛇尾」都來自於沒原則。

自律的人都是有原則的人，而且適度的自律會讓我們有成就感。

＊

　　再來，如果你常常覺得心有餘力不足，或者常陷於選擇困難之中，那就表示，你心裡存在著兩種衝突的聲音。

　　如果你想要減肥，卻又一口接一口吃的話，那就表示你的「理想我」和「本能我」要好好溝通一下了。

　　都不吃，沒人性。只吃平常的一半如何？請你跟自己談一談。

　　不用全盤改變。

　　跟自己對談是有趣的事情，也是自我了解的方法。有位從事心理諮詢的友人曾經告訴過我，他遇到一個高中學生，明明很想有好成績，但是只要回家就不想讀書。後來這個高中學生用記錄自己心情的方式找到原因：原來他在家裡不想讀書，是因為他只要回家，媽媽就出聲催他去讀書，讓他感覺很有壓力。原來他回家之後就不想學，是潛意識裡想跟媽媽賭氣！

看吧，父母以為是助力，反而是阻力。

身為父母，我們恐怕不能把我們的關心變成一條鞭子。

高中生跟自己談，找出原因之後，去找媽媽懇談。媽媽也很無辜，她認為自己說這話其實沒什麼特別的意思，只是關心罷了，她沒想到愛之適足以害之。

溝通之後，至少兩個人都省事了。我們是否以關心之名變成壓力源而不自知？我一直在反省。

5%，就足以克服萬事起頭難

不要對自己期待太深，反而能夠有改變的動力。

有些問題的產生，是因為你以為那是在賭機率。

很多人都拿自己的選擇問題詢問別人。比如：「是不是該放棄現在的公職鐵飯碗去創業？」「我是不是該買房子？」「我是不是該跟他分手？」

這類問題，相信大家都常常聽到。其實，別人不

是你，也不瞭解你，這跟「問道於盲」何異？

有位 EMBA 同學也曾這樣問我。他是一位上市公司的財務長，一直有創業夢，但是從未創過業。一邊擔心創業不會成功，一邊卻又不滿於自己的工作。

「你要創什麼業？」我問。

「我也還在想……」他說。

「那麼你現在應該還不適合創業。」我答。

他不只問我，之前問了班上五個創業還算成功的同學。

「你們竟然每個人都說我不適合創業，為什麼？」

我笑了：「因為一個真正想要創業的人，不會到處去問人家我適不適合創業啊！何況，創業並不保證成功，而且成功的機率還很低微。萬一人家跟你說你適合，結果你卻失敗了，又失去原來薪資那麼優渥的工作，怎麼辦呢？你想想看，那幾個創業家在打算創業的時候，有去問別人他適合嗎，會成功嗎？」

其實他問的那些創業成功的同學，都是白手起家。他們剛開始創業時，也沒篤定自己會成功，也就是糊

塗創了，或因為沒路可走只好創業，或為了理想就創業。然後每天往前走，向著目標，應對時勢改變一點點。他們只是篤定的克服了「萬事起頭難」罷了。

世界上還真沒有「不知道自己要創什麼，還保證成功」的事。

《愛麗絲夢遊仙境》裡頭，有一段知名的對話。

愛麗絲跟柴郡貓問路。

「你可以跟我說我應該往哪兒走嗎？」

「那取決於你想要去哪裡。」

「我不知道我要去哪裡。」愛麗絲說。

「那麼你要怎麼走，都無所謂了。」

你想要做什麼，總有想做的理由，請先試著去找出你真正的目標，然後，再來做百分之五的位移。

別想著「一定得成」，歷史上沒有一定得成這件事，真命天子都是成功者溯及既往打造的傳說。

不論再大的夢想，都要有方向。你只要往前走百分之五，不斷的完成那些百分之五，就會更有自

信了。

百分之五不難，如果你想減掉 10 公斤，那麼就先想著一週減掉 0.5 公斤。是不是鬆了口氣？

同樣是那句老話：會保證你一定成功的，肯定不是神，而是詐騙集團。

你覺得自己行，就長期投入！

如果你認為自己在某方面還行，就長期投入！

其實也曾有好長的一段時間，至少七八年，我懷疑過我好像只是有出書，但賣不出去。

我很幸運，很年輕就出了書，但是之後「不紅」了好多年，我當寫手維生，後來曾經有一陣子不敢用自己的名字寫小說，還創造了一個筆名（改名應該是我當年已經沮喪到認為：大家一看到我的名字就不會買我的書了）。

前不久，有位管理學者曾說，他要成立一個「寫

作成功保險公司」。他認為：只要一個人堅持每天寫一千字以上，自以為是也沒關係，膚淺也無妨，就寫一些關於人生的話題，讓他投保一萬元，這個人如果能夠堅持寫十年而不間斷，那麼，十年之後，如果沒有寫出成功人生的話，這間「寫作成功保險公司」會負責賠你一百萬。

聽起來有點蠢。不過，我也相信，如果能夠不間斷寫十年，不成功都難。這保險公司的賠率極低。

沒恆心者會退出，性急者會退出，沒興趣者會退出。

寫作可以訓練一個人感受這個世界的能力，還有對事物本質思考的能力。通過寫作，更能訓練一個人傳遞影響力的能力，和說故事的能力。如果你可以每日如此堅持，那麼你也未必只會在寫作中成功。

我的確就這樣寫了八年，才發現自己的書不再是連第一版都賣不完。從二十多歲開始，就寫……各種書寫，平均每天不只寫一千字。這是聽了前輩作家林清玄的話。我認識他時，他已經是成名作家。他

說，為了訓練自己能寫，當編輯時，有稿子就接，什麼都寫，每天都寫一千字。他這樣訓練自己的寫作「手感」。

我依樣畫葫蘆。不只寫小說和散文，公司業務部叫我寫什麼內衣彩妝的稿子我都接。

不只十年，大概在四十歲以前，都習慣這樣寫著，不寫反而怪。寫作對我來說是陽光空氣水。

就算沒有在寫作中成什麼功，我知道我從中訓練了好多能力。然後，除了成為一個作家，這個經年累月的練習還送我好多東西，包括變成一個不紅也不怕的自己。

＊

百分之五的改變就夠了，然後把自己交給時間的長河。你會知道，你去得了哪裡。

我們人生中所有的美好，都從微小的改變開始，不要高估自己的偉大，也不要鄙視自己的微小。

我們，就是我們自己。

來看看這個學習曲線圖吧！一開始總是比較難，

你唯一能做的，就是往上走。

相信我：只要出門，就會到。

什麼時候到，則只有你自己能夠明白。

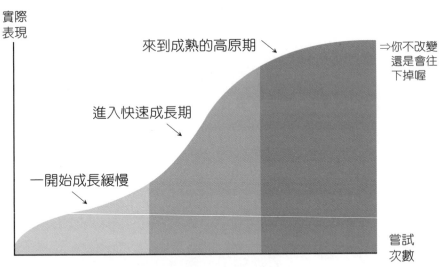

這是最基本的學習曲線模型

　　　　　　　　　　4　改變 5％就創造獨一無二的奇蹟

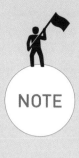

NOTE

5

只要出門，就會到；
只要學，就能會

人們常常覺得自己在某種學習上「沒天分」、「沒進步」，
其實是沒耐心、不持續。

你在緩步向上期就停止了。你看見困境的陰霾，沒有看見
困境背後的陽光。

凡是人，就有學習曲線。

不只是人，只要想活著，生物就要有學習曲線。

雖然達爾文的進化論的確影響深遠，但生物想要在自己活著的時候等著 DNA 進化是不可能的。

有一次我還看過一支影片，科學家在印尼婆羅洲記錄一隻紅毛猩猩一手抓住河邊懸垂的樹枝，另一手拿著被啃尖的木桿往水裡叉魚。

而且，牠試了許多次之後，成功了。

我也看過一隻鳥釣魚的影片。一隻候鳥利用遊客們丟給魚群的吐司麵包，大剌剌地在湖邊「釣魚」，還會把大塊麵包撕成幾塊增加機率，釣竿就是牠的嘴。牠也成功了。

凡生物皆得為了生存而學習，等不了基因代代更迭。當環境變了，就不能不學。

以前我們的生活比較簡單，不需要學那麼多東西，只要有一樣技能，就可以活下去。

多變社會，活著沒那麼簡單。

我曾經想過，以前的讀書人比現在輕鬆多了，為

什麼？之前唐朝進士雖然難考，但他們要讀的書籍種類單純，四書五經現在都被歸諸於語文類，學問範圍以「國文」為主，只要會寫文章，用一篇文章就可以展現自己的文化程度和胸襟抱負。不像現在的學生，英數理化生物健康教育什麼都要學，都要考。社會多元化了，高中入學都要有多元入學方案，越多元當然搞得大家越疲憊。

知識對我們的要求，還有我們對知識的需求，一直來一直來。

不過，別恐慌。不要被很多假裝是知識的資訊困住了。

從學習曲線重新理解困境

經濟學有個概念叫做「學習曲線」（The learning curve）。

「學習曲線」呈現的是經驗與效率之間的關係，

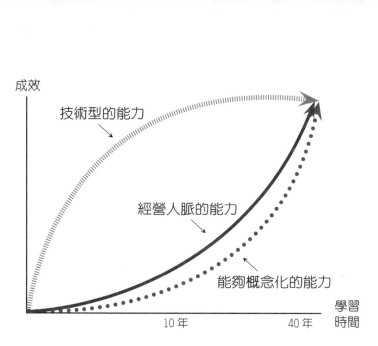

多元化學習曲線圖

指的是越經常執行一項任務,每次所需的時間就越少。

比如說,小孩買了一個新的樂高積木玩具。第一次組合成功,他可能足足花了十個小時。

如果把它拆掉重組,第二次,他可能只要花三個小時;第三次,一個半小時就完成了。

是的,就是那句誰都會講的老生常談——熟能生巧。

請看一下這個改自經濟學的學習曲線圖。

簡單的解釋一下:最上面的那條線是「技術型的

能力」，呈曲線形式。亦即短短幾天就能上手的技能，比如縫鈕扣、釘釘子，只要你開始學，就可以在簡短的時間內學會，達成基本要求。為什麼那條曲線到了顛峰之後往下彎呢？表示雖然它容易上手，但要達到爐火純青的境界，需要很長的時間，而邊際效用也會減少，能「好」到哪裡仍有天花板。比如要學會一首鋼琴曲〈小蜜蜂〉很容易，但要變成郎朗就很難。會煮菜容易，要變成米其林三星主廚就很難。

中間那條線，是「人脈線」，呈線性形式。只能靠日積月累，一步一腳印。以溝通協調能力來說，每處理過一件，就會多累積一點。

最下面一條是「概念化能力」，這是一種能夠綜觀全局的判斷力，需要的時間維度很長。剛開始不會太有效果，但如果通過不斷學習累積，你就會有自己的智慧，提升得越來越快。解決問題的能力也會因此越修練越純熟。

或許你也不用把學習曲線畫得這麼複雜，總而言之，它是一條從左下角一直往右上角的線，只要你繼

續學習。

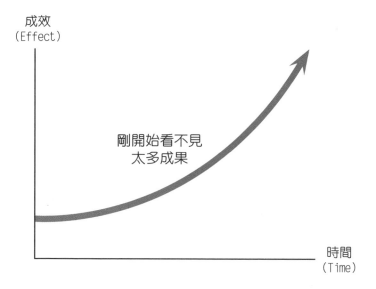

其實學習曲線不複雜
（而它也是投資上的複利曲線圖）

人們常常覺得自己在某種學習上「沒天分」、「沒
進步」，其實是沒耐心、不持續。

你在緩步向上期就停止了。你看見困境的陰霾，
沒有看見困境背後的陽光。

你告訴自己，遇到了困境，於是你放棄。

用 PIZZA 切割法把困難吃掉

針對不時會出現的任務，我開始建立自己非常簡單的「處理模型」。

首先，為了不要讓自己陷入所謂的瓶頸思維，我有個「PIZZA 切割法」。

我會把難題或我想要完成的某些不容易的事情想成一塊 PIZZA。

小的難題是小 PIZZA，大的難題是大 PIZZA。

無論如何，一個人要吃掉一整個 PIZZA，對我來說都是有些費力的。

所以，我會想辦法切割。如右圖，這個中型的 PIZZA，就分成十份吧。先不去想一整個很難吃得下，把它切成十份，先吃掉一片，看起來就沒那麼龐大。第二天再想辦法吃掉另一片。

這也是我的讀書方法之一。

一本很厚的書竟然要讀完，實在有點頭疼。我的不少考試用書都被我拆成幾份，一份一份慢慢看完，

PIZZA 切割法

看完之後「長相」相當殘缺。

只要能讀完，「長相」殘缺又何妨。書，應該是拿來看的，不是擺著欣賞的。基本上不好用的才是永遠嶄新的。

書太厚，不會想要隨身帶，太厚的書老是在提醒你，前路漫長。如果能夠一部份一部份各個擊破，感覺上就是一天天完成了階段任務。

馬拉松我也是用 PIZZA 切割法在跑的。四十二公里，從出發點來看，還真的是在遠得要命王國。

在兩公里時，我不會告訴自己，還有四十公里待跑，我會告訴自己，已經完成二十一分之一。

聽起來是不是比較沒有壓力？四公里一跑到，我就告訴自己，呵，已經完成十分之一了。

你看，分母變動得多快。

等到半馬完成，當然只剩二分之一了。

肯定自己的已完成，讓自己有成就感，不去想長路漫漫。

說真的，我開始跑馬拉松之後，做任何事情還真的越來越有耐力和意志力。

而我也發現：當你越能掌握自己的身體狀況，你會活得越有信心，不管你已經到了什麼樣的年紀。若你抱著：「我老了、算了」，那就是進入等死心態了。

＊

其實這跟談到時間管理時常被引用的「番茄鐘工作法」原理相同：不要讓你覺得長日漫漫無盡，在限

定工作時間內更會積極把握時光。

　　番茄鐘，不是強迫你學習、工作，而是強迫你在開始工作後休息。不就是「休息是為了走更長的路」的老話嗎？就算是學一個費力的東西，心想：反正二十五分鐘之後就可以休息，你就不覺得自己像囚犯。

　　一旦開始感受到投入的樂趣，你反而會在二十五分鐘鬧鐘響時，捨不得休息。

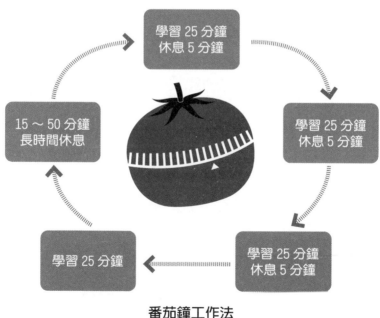

番茄鐘工作法

「逼」自己寫博士論文時，有時我也會有千百個不願意，那麼我會跟自己說，來吧，寫二十五分鐘就好。人像車子，一開始是最難發動的，引擎啟動後就順了。

　　不要無休無止的強迫自己，或苛責自己，不如先試著給自己設定「休止時間」。我也常用手機計時器，重點在於分段給自己一個小空檔喘息一下。以此類推，你也不會過勞死，不是嗎？

　　舉世大忙人馬斯克把他的時間分成好幾個 box，每 15 分鐘一個 box 做不同的事情，做完果斷跳離，也是同樣的道理。不過，像他比較難，我們大多數人沒有他的智商，也沒有他的大事業。

　　曾有一句相當有哲思的話是這麼說的：「死亡其實也是恩賜，它讓你知道時光有限，你不能隨意揮霍。」

　　不要以為長生不老、死不掉的人會像《來自星星的你》的都教授那麼多才多藝，奮發有為。不會的，永生者不會珍惜生命，不會有目標，活著的時候就開始虛無。

人生就因為短，你才要做時間管理。很多東西，正因為難，所以有趣，所以值得挑戰。

難道，你喜歡看那種前五分鐘就可以馬上猜到結局的平淡電影嗎？

＊

沒有人會真的阻止你成功。「天意」沒那麼閒來管到小小個人。

一直讓你產生「就是我特別倒楣」的想法，阻止你完成自己期望的，是你的自憐。

自憐跟討拍其實是差不多的習慣。

不過，討拍者至少還發出聲音和動作要人家拍拍他、安撫他。

自憐者是躲在角落哀悼自己，更糟的是還嫌棄自己。

如果連你都嫌棄自己了，那麼誰該來重視你？

常常聽到有人問我，遇到瓶頸怎麼做？

不只是寫作，往回頭看，生活的瓶頸和困難簡直是隨時會掉下來的武裝恐怖空降部隊，有的弱，有的強。每一個在自己路上前進的人，都會碰到天上掉下

來的糟糕禮物；只要還活著，你就不會是特例。它們不是針對你而來的，它們就是會來！

不要把自己想成全世界唯一倒楣的人。

習於自憐者，總以為自己就是特別倒楣。

如果沒有健全心態，看社群媒體常會有「觸景傷情」的自憐。誰想要一直看到友人在奏哀樂呢？所以大部份人在使用社群媒體時總是報喜不報憂，當你看多了那些光鮮面，你會誤以為：看，大家的生活都光鮮舒適，「只有我活得特別辛苦」。別傻了。

不擴大委屈，就可以收住損失

肯定不是！誰都會遇到生命中的暴風雪。

遇到人生困境，千萬別對自己說：「我有什麼罪，我怎麼這麼倒楣？」

這樣想，你會越來越倒楣，力量會越來越虛弱。

我以前也曾經非常會自憐，想來其實當時的心態

是「我其實很不錯，為什麼命運對我這麼差」。自憐是一種揉和著自大和自卑的模糊心態，也是一個不努力的藉口。

停在自憐的狀態，會讓你的精神狀態越來越糟。這樣的人其實非常愛比較，也不會誠懇的交朋友，只要有什麼不順心，就會希望別人也一樣慘。

不自憐其實也容易，我學會告訴自己：「每個人都有你看不見的不容易，不管你知不知道，不管他願不願意說……你不是那個倒楣的唯一。」

有一句話在寬解心情上很好用，叫做：「他不是針對我。」

在路上被一個精神有問題的人吐了口痰，或者比了中指；去菜市場無緣無故被陌生人兇……這種偶發事件，的確會讓你覺得今天有點倒楣。你很生氣，也可以允許自己生氣，對著空中罵他混蛋。當然，不值得去打那麼一架。何況你也未必會打贏。

你有點倒楣，但不要擴大你的委屈，或者懷疑路上人人都是神經病，你要想的是「他不是針對我」。你只

是剛好路過被掃到，這是偶發事件，不是總會發生。

只要還活著，你沒有特別倒楣。

只要那件倒楣的事情是偶發的，你就不算倒楣。

這個比喻很有畫面：有人無緣無故砍了你一刀，你的確有點倒楣，但是你不應該把自己的傷痕捅得越來越深，也不必花力氣去研究如何砍回來。你能做的，只是把傷口包紮好，然後記得避開這類人。

🚩 風險本來就存在，不必怕著等

活著就有風險。

風險乃必然。

商學院有些課程的確讓人更了解人生，比如創投課。

創投——又稱「風投」，風險投資。你知道風投有多難嗎？別看那些早期投資蘋果、亞馬遜成為巨富的人，像軟銀孫正義之類的投資達人笑呵呵的，其實

也有很多人損失到都哭不出來！

你知道 2022 年全世界最笑不出來的投資界知名人士，就是前兩年笑得最大聲的人嗎？

疫情之前，軟銀的孫正義曾經到台灣來演講，意氣風發，因為他手上投資了一些他很看好，也正蔚為風潮的「獨角獸」公司。

他說，他的投資哲學很簡單，就是在他看好的趨勢中，挑選行業中數一數二的新創企業，給予大量資金。他過去的確這樣成功的賺取了大筆利潤。

不過在這裡，我要用數據來告訴你：其實一般風投公司的成功機率不高。以一家知名的恩頤投資公司（NEW ENTERPRISE ASSOCIATES INC.）來說，他們每年可能會收到兩千個案子，經過商業模式審查和評估，挑出其中十分之一來評比，再挑出其中二十個來進行投資。也就是前頭的作業已經是百裡挑一了，而這些項目中，平均會有五個以失敗告終，三個不賠不賺，兩個還算成功。成功的項目賺取的利潤平均也只不過是年均百分之三十五的回報。也就是從接到申

請案開始，投下大量時間和精力，但是只有1％的案子勉強可投資，而真正成功的只有0.2％。

從他們的統計，你就可以知道為什麼當投資人要很慎重了吧。別以為成功者都是蘋果和亞馬遜這種獲利百倍的金雞母，蘋果和亞馬遜其實也都差點下市過。

呵，從這個普遍被承認的機率，你就可以推知，一般人創業成功的機率有多少？只有不到1％的公司，在創業五年後還能真的大發利市。

台灣的創投家林之晨也曾經說：「創業投資的失敗機率的確很高，即使是在投資產業上下游價值鏈最成熟的美國，創投平均每年支持四千家新創案子，最後能成功IPO（公開上市集資）的往往不到四十家，換言之，僅約1％的機率。」

唯一值得安慰的是：這1％成功的公司，有些可能真的成為一直下金蛋的金雞母。

但，我們沒有他們的錢多，就算是看來最逸興遄飛的風投業，成功機率依然如此低微。也就是失敗乃常事，沒有資格懷憂喪志。

回到孫正義。他的失敗也是眾所矚目。比如他重押的 Uber 和滴滴出行，一個總是股價不時崩，一個是遇到超級災難：在中國被認定觸法，在美國上市之後狂跌九成。WE WORK 的共享辦公室投資也是如此，眾人稱善，下場很慘。

　　他認定趨勢，勇於投資，當年投資阿里巴巴的成功可以證明他的眼光銳利，但某些投資的失敗實在也是一敗塗地。就算是讓他嘗到成功果實的阿里巴巴，在 2022 年市值也跌了一大半，有 2,500 億美元消失在空氣中；所以他在當年第二季就提列了 230 億美元以上的損失，還跟股東深深道歉。

　　同樣的，方舟投資的伍德（Cathie Wood），上喊一枚比特幣會達到 50 萬美元，她也慧眼投資馬斯克，手上掌管的基金曾經是全美表現最驚人的基金。然而隨著比特幣大跌，好日子也過完，成為跌幅數一數二的基金。

　　風險無處不在。

　　與其說風投是為了獲得暴利，不如說他們所做的

真正良善之舉是：為看起來相當有出息的新創事業的失敗買單。

在這個世界，你想要獲得更大收穫，你的心臟必得越來越強。在商業社會，真正機率大的是失敗。

你要像網球選手一樣，不要沮喪於你的小小不幸或失敗，你要在意的，是下一個要打的球。

接受命運的難，就從谷底回升了

一直講理論，無益於人生。說說那些人生中的勇者吧。

我來說一個故事，一個辛苦的女人的故事。她說，從第二個孩子出生以來，她每天睡眠時間沒有超過四個小時。

她是我在廣播節目中訪問的一位來賓，小花媽。

她是罕見疾病基金會輔導的媽媽，剛滿四十。人生憂患從第二個孩子出生開始。

小花媽的干貝辣椒醬和她的人生一樣，嗆辣有滋味。

目前是兩個孩子的單親媽媽，小花生出來就有著罕見疾病「芳香族 L- 胺基酸類脫羧基酶缺乏症」。沒聽說過，所以才叫罕見疾病啊。

這個病讓小花全身肌肉無力、發展遲緩、眼動危象及自律神經系統功能失調等等，身上常帶著鼻胃管。

就像不少罕見疾病孩子的媽媽一樣，她們因為生了一個需要照顧的孩子，被「變成」了單親媽媽。

孩子有問題，而且恐怕一輩子無法治癒，另一半承受不了，想要脫離。媽媽責無旁貸，義無反顧留下來。

小花媽只能拋下工作，全天候看顧這個女兒。但當家庭主婦之後，又沒有足夠的經濟能力可以支撐家中生活。

老大是兒子，夫家要離婚，只想撫養兒子。她還為此打了離婚官司。

她非常感激的說，法律界人士指點她，要證明她

有經濟能力，可以照顧兩個孩子，不然兩個孩子就會被迫分開。她要養女兒，也不願割捨兒子。讀食品科的小花媽嘗試在家創業，做 XO 醬、干貝醬和辣椒醬，在家接單，一邊照顧罕見疾病的女兒。女兒不分晝夜都需要謹慎照顧，她只能在小花睡著時抓緊時間炒辣椒醬。

我好欣賞這個女人，她的眼神非常堅定，講述過去的時候，語氣平靜，眼神沒有悲戚，也毫不自憐。兩眼發亮，似乎在說：她完全接受命運的安排。而且願意承擔，就這樣，沒有怨言，不提出任何對生命的抗議。我立刻請我投資的電商平台無償幫忙她銷貨。

無理由被命運為難的人不少，你可以自怨自艾，也可以淡定前行，這之間的差別，在於當生命不如你想像時，你必須對自己的生命有想像力。她讓我看到人間有愛就不難。人生並不公平，必須堅定前行。

這世界上最逃不掉的責任，就是母親。我們負擔，我們日日付出，我們深覺光榮，不管有多苦。

她不說自己倒楣。在面對命運之後，她說自己學

到許多東西。

這是勇者的學習曲線，在最低谷處往上走。

*

是的，只要你願意接受，這世界上沒有真正的倒楣。

每個人的人生考驗不一樣，你可以選擇堅強，也可以選擇逃走，無論如何，請對得起自己的選擇。

如果你選擇的是繼續前行，只要你有實在目標，不管有多遠，一步一步走，只要出門，就會到。自信與你累積而成的「到達」成正比。

6

享受痛快前進，
倔強還是要有

人生不就是酸甜苦辣、五味雜陳嗎？苦，誰都苦；難，誰
都難。說真的，沒有人覺得自己不難。那麼，在這個有困
境的人生裡，我們應該保持怎樣的姿態？肯定不能屈服
啊。

想要擁有自己滿意的人生，必然要有這個硬功夫——逆境，來吧，就是要解決問題！

你知道所有成功的故事，都有一個必然的套路——就是遇到困難。

有困難，有窘迫，有一種不一定能做得到的挑戰，讓你先皺起了眉頭。於是你開始想辦法，竟然克服了，你把這種辛酸中的甜蜜記在心裡頭。

疫情後，我接了一個吉隆坡誠品書店的開幕演講。飛往吉隆坡的飛機上，我忽然想起了一件往事。

當年，也是往馬來西亞的飛機上，我拚了命在寫稿。

那回我奉派到馬來西亞砂勞越工作，這是我第一次因報社工作奉派出國，帶著許多興奮。

那年我二十四歲。

身為文字記者的我，奉派去寫模特兒拍泳裝專輯的花絮。

本來也不是太難的差事。不過，幾天前我硬接下一個差事，讓我的時間變得非常窘迫。

在困難中前進好痛快啊

這個差事是寫小說。大概在不到二十天內，我必須完成一本書——《牯嶺街少年殺人事件》，這是來自出版社和楊德昌導演的委託，我手上有初步的故事大綱和腳本。

我可以不接，但身為一個實在沒什麼知名度的作者，這是一個多麼好的挑戰和機會。

故事的原創當然是楊導演的。那是一個發生在1961年左右的殺人事件，建中學生殺北一女（補校或夜間部）學生，發生在我出生之前，我來不及參與。當年也沒有 Google，只能到圖書館查舊報紙，並且企圖以訪談了解那時候在「混」的少年到底會用什麼行話。

先說一下結果，這書也沒讓我紅火。

可不要以為我當年一出書就是暢銷作者，我蟄伏得還真久。從 21 歲出書以來，除了第一本書讓讀者有點新鮮好奇，有不錯的銷售量，其他的書初版 3,000 本

都賣不完。出版社編輯們私下都說這個作者沒太大出息，既不溫柔婉約，也不細緻浪漫，故事也寫得不感人肺腑，還沒什麼幽默感，更談不上任何真知灼見。

能夠有一個機會，讓小說和知名導演的影片一起上檔，哇，我實在不想推掉。

當時出版社還在人工排字階段，有一定流程要走，為了趕上檔期，我必須在二十天之內完成小說。而我已經知道，這段期間我還得到馬來西亞出差八、九天。

也不知怎麼訂的機票，當年從台灣到砂勞越的飛機竟然停了五站，像公車一樣。大家在亂流中吐得七葷八素，只有我，坐在經濟艙，一筆一筆手寫小說（當時沒有電腦），旁邊比我資深的記者都看傻了。

「妳也真的太……拼命了吧？我們都在擔心沒命，妳還在寫！如果沒命，就不用寫啦！」

可能就是因為我一直專心寫，想多寫一點，所以只有我沒吐。

在五上五下的飛機中寫稿，我在馬來西亞的飯店中就把《牯嶺街少年殺人事件》畫下句點，前後總共

花了七天。我的眼中看著泳裝模特兒，腦海裡想的是殺人事件。

回台灣如期交件，這本書出版之後還挺暢銷的，楊導演給了我一半的版稅。那年我大概收到二十多萬元，全部拿去資助一個朋友留學。是的，我當然沒有紅，這又不是我想出來的故事。

那種傻勁，對我來說還真的是甜美回憶。

有時候我喜歡逼一下自己，很可能就是從那時候開始。其實，在我人生所有的難中，這個經歷還算是最容易的。

2023 疫情結束開放後，我到馬來西亞演講，就從「人生好難」開始。

中間說了什麼呢？說了好多我學到的硬道理。

最後一句話，也結束在「人生好難，但我們要想辦法繼續前行！」

挑戰，使你人生值得

　　你有沒有發現：所有值得記憶的、發人深省的，都要經過、挑戰過某些負面的東西？行銷學上能夠撼動人心的廣告，都抓住了一個要素：並不是把產品本身的特質說得多好，也不是把品牌捧得多高尚……能夠深入消費者記憶的廣告，常常從「負能量」切入。負能量，指的是人生中的困境、苦惱、打擊和負面情緒。

　　說起這方面的經典廣告，很多行銷人都公推 Johnnie Walker。它的廣告向來拍得很好，有個主軸，就是挑戰困難，正如人生，不管遇到什麼事，都繼續往前走，然後再加上一句 Keep Walking。

　　說真的，這句知名廣告語，實在跟喝酒沒啥關係。如果你一定要扯上跟產品內容相關的話，可能就會被老闆下令把標語搞成 Keep Drinking。還好沒有，人家賣東西也還是要走高調路線。

　　其實 John Walker 是創始人的名字。早在 19 世紀

初，他就開始嘗試調和威士忌，創造了商業的雛型。1920 年，John Walker 已經將酒賣到全世界 120 個國家，在可口可樂之前，成為第一個真正的世界性品牌。

能夠那麼受歡迎，真的只因為酒好喝嗎？

CP 值高是真的，但是其實第一回喝這個威士忌的人，都說它有點辛辣，而且有比較明顯的煙燻味。這也是蘇格蘭威士忌的特色。

當年除了蘇格蘭人之外，並不怎麼能接受這種嗆。

🚩 大家都想要聽峰迴路轉的故事

其他地方的消費者可能不習慣，怎麼辦？這時候行銷就要發揮作用了。辛辣，像什麼？像極了人生，不是嗎？人生哪有一帆風順的，就用它了！

人生不就是酸甜苦辣、五味雜陳嗎？苦，誰都苦；難，誰都難。說真的，沒有人覺得自己不難。那麼，在這個有困境的人生裡，我們應該保持怎樣的姿態？

肯定不能屈服啊。

這個主軸用了一百年，廣告題材還真的用不完，你就知道大家有多買單了。而關於克服困難，從百年前到現代，大家還沒有不認同的！

稍有理智的成年人都很清楚：若你想要活著，不管發生什麼事，都得往前走。Keep Walking！

繼續往前走，是人們的共鳴。

不管你多麼歧視心靈雞湯，多麼眷戀負能量，無論如何，你潛意識都知道，最後你必須正視困難，不能逃避。

你心裡明白，挑戰困難之後，你會更上一層樓。

任何大家著迷的劇，劇中都有重重困難。

你看的哪齣戲沒有困難要解決？人生常常就像《屍速列車》或《陰屍路》一樣，不斷遇到鬼。你以為《哈利波特》那麼受歡迎，是因為人們喜歡看可愛的小孩上學？一點也不，那是因為哈利波特遇到好多困難。**J.K. 羅琳小說的迷人之處不只在於她的想像力，而在於她用想像力創造了困難的想像。**

如果你是一家店或品牌的老闆，想要說一個好故事，千萬不要一直吹噓，說自己的品牌得了什麼獎，有什麼偉大的功能，用了什麼最新最酷的科技，可能還不如先講失敗得灰頭土臉的故事，消費者愛聽，從負能量出發，他們會明白你同理他們的困難，雖然你們的困難不一樣。

我們「竟然」希望從別人的困難中得到勇氣，而這「竟然」是心同此理。

我的 Podcast 訪過不少企業家，也唸過不少廣告稿。我發現好多人狠不下心，只想要老王賣瓜，講自己的東西有多好，比同類競爭品強在哪裡。大家講有機你也講有機，大家講 ESG 你也講 ESG，講自己在公司裡用了多少個博士，講品質好到用 NASA 的太空材料 ABCDE……但是，消費者有感嗎？

誰都明白，雪中送炭永遠比錦上添花更讓人印象深刻。**想要獲得認同，你得先找到那場共同的雪，也就是用戶真實生活中人同此心的困境啊。然後，走出來，和大家的心情一起走出來。**

有位行銷專家曾推薦我看一支泰國的廣告，他說泰國的影視圈絕對不可小覷，他們太懂民間疾苦了。泰國廣告每年都有幾個非常受歡迎的作品，足以當成業界範本。

前幾年有一個畫面拍得不是很精緻的泰國旅遊宣傳片，名字叫《我討厭泰國》。看了之後，好多人湧到泰國。廣告就是從一個西方人莫名其妙丟掉包包和護照，開始怨天尤人咒罵泰國開始的。指天罵地之後，他看到泰國人的仁慈，也不得不接受當地人的生活方式，後來……。我不想破哏，這部片子在網路上到處找得到。

一個真正有自信有力的產品，是敢講那個難的。

一個真正自信有力的人，也不會抱怨那個難。

做人誰沒有難處？又難又硬處，正是人生精彩或轉彎處。

聽說廣告出現那年，泰國觀光很夯。

＊

我會有意識的逃開一群只想擁抱取暖、互吐苦水

的人。

不過我發現，不少女性總是用互吐苦水，以及重複的苦水表示友誼親密。

然後，要陪哭、互相討拍，才有共鳴。這樣用悲苦相濡以沫的群體，我實在沒辦法加入。

剛剛說，廣告故事要從負面出發才吸引人，但可不要誤會了，並沒有請您一直泅泳在悲哀的淚水之湖裡。

我大部份的朋友，不管男女，後來能夠熟稔來往的，幾乎都是同一種人：「不太愛抱怨，會解決問題，用理性態度來看待世界，情緒平穩的人。」

誰說文青一定要是情緒起伏很大的？基本上我就不是這種人。

呵，你應該可以猜出我實在並不喜歡像「太宰治」這樣的文青。明明人生可以活得好一點，為什麼一定要把周遭搞成悲劇或慘劇？年紀活到了一個階段，有另一種達觀，就是不太能接受對方觀點的話，也不用費力去改變他，或把自己弄成別人喜歡的樣子，就讓我們各自找到「同溫層」吧。

別太懷念教訓

你會跟朋友說：「這件事你跟我說過了，我知道了」嗎？我會。從這一點來說，我也許不是個太溫柔的朋友。因為我明白，同樣的傷疤用同樣的方法揭開，絲毫沒用。

你可以講自己辛苦的故事，但可不要講得像老太婆的裹腳布，也不要一再把裹腳布拿出來一聞再聞。講同樣的故事會讓人在不知不覺中老化了精神。**我篤信過去的都是沉沒成本，記得教訓或經驗就行。但也別太懷念它。**

經歷了一件大事，人身尚在就好，至少應該學會堅強。

堅強不是天生，也不可能在溫室中培養，總在雨打風吹中慢慢滋長。

巴菲特碰到這場大疫情時反應鎮定，沒有出現「我活了 89 年以來，第一次經歷到這種事情」的恐慌，反而有點「啊，又有沒看過的挑戰了」的感覺。

如果你的確遇到很多事，還能保持身心健康，那麼你就有足夠的堅強。

卡內基很愛說這句話：「成功是獲得你想要的事物，幸福是喜歡你已經獲得的事物。」

依這句話的定義，那麼我肯定是成功又幸福的人。你應該也是吧。

＊

所有的改變，所有的成長，都來自於困難。

做一個會解決問題的人很重要，千萬別把問題搞得更複雜。

會解決問題，你就不再那麼容易緊張，或者陷於憂鬱和焦慮。

有一陣子我上了各種心理學的課程，有位心理學家這麼分析：**憂鬱是因為你在和過去的事情糾結，焦慮是因為你在和明天的事情拉鋸。**

那些老是不想讓沉沒成本沉沒的人，會泡在憂鬱裡不想出來。那些不想坦然接受未知考驗的人，必然焦慮。

會解決問題的才是好人

我喜歡解決問題，不過我會先分清楚，這到底是不是我可以解決的問題。

請看這個可愛簡單的圖吧。

之前提過的 PIZZA 分割法、番茄鐘工作法，就是解決問題的方法。

如何解決問題？

一、先排除情緒干擾：「先處理心情，再處理事

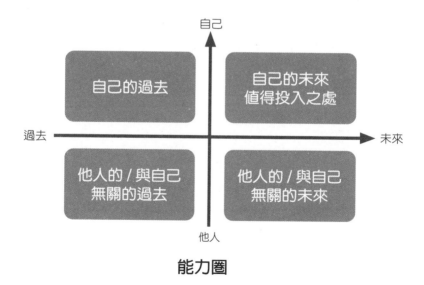

能力圈

情。」抱著波動的情緒，永遠解決不好事情。

二、**3W 思考法**：想一想三個問題，WHERE、WHY、HOW。

WHERE——真正的問題在哪裡？

一個人說出來的問題，可不一定是真正的問題所在。

WHY——問題如何產生？

別找罪魁禍首。找出誰的錯是最沒有用的。如果是你自己的錯，那麼，你及時承認，別找藉口。**找藉口不會比較能夠維持自尊，反而會失去威信。認錯時，自嘲很好用。**

找出問題的目的，在於解決問題，而不是處決罪犯。就好像房子漏水，你應該找出漏水點，而不是去懷疑是誰造成的。

以公司的某產品銷售不佳來說，常會變成研發部怪行銷部銷售不力、廣告焦點錯誤；而行銷部責怪研發部根本沒有把東西設計好，消費者不喜歡。互相責怪有用嗎？在我自己的小公司裡，我最不喜歡的就是

這種行為。

如果老闆助長這種行為，那麼整個公司的人會把力氣放在找兇手、對付自己人，就會變成內耗，而不是解決困境。

HOW──怎樣解決比較好？

也許不只有一種方法，就試試看吧。不一定有一百分的方法，但應該有及格的方法。

也就是商學院裡頭常說的，你不要老是尋求「最優解」，而是「最適解」。

一直在找最完美解答的人，往往就成為「想像力的巨人、行動的侏儒」那一類人。

一旦真的遇到事情，我不希望自己老是在傾洩情緒，而是在解決事情。會解決問題的才是好人，會平白創造問題的常是壞人……電影劇情不都是這樣的嗎？

＊

其實，我出生在一個「不太會解決事情的家庭」，從小看到的都是遇到事情就六神無主。我的父母皆是教師，在學校裡很會教課。然而，當他們在生命中遇

到事情，總會希望「找人來解決」。

所以我兒時目睹過不少奇案。比如，我媽對我爸做的某件事不滿，並不會當面溝通，卻會找她的親人來溝通。

有一回，她跟我家某長輩有一些口角，結果場面可熱鬧了，她打電話給好幾個親戚來家裡替她討公道。

我心想，這是怎樣啊？是要殺個你死我活，還是人多就贏？贏了面子反而失去關係，不是嗎？當時我只是個中學生，沒人聽我的。

我家長輩解決問題的方法，常讓我很納悶。我當時決定法律系畢業不去考法官，某位一直很希望家裡有人可以為她出頭的長輩弄了一個「算命先生千言書」給我。上頭說：我命中注定要當法官。我心裡當然小小的冷笑一下，這樣也想唬弄我？現在想想，年輕時的我不也一樣？千方百計逃避直接溝通，並沒打算耐心的自己把事情講清楚。

因為爸媽在生活中都是屬於有意見但不太能處理的人，家裡有事，全賴親人處理。所以我們家的房子

被親人拿去抵押借款、差點法拍，當然也不敢言。

在「只好是我了」的訓練下，長大後我和弟弟都成為解決問題高手。我們會找最簡單的方法、最專業的人來解決問題。我還相信：「如果現有的錢能解決的問題，還真的不是問題。」

解決問題比逃避問題容易。

了解問題要用腦，解決問題當然要靠行動力，還有抓住大方向，容許自己犯小錯的權利。有時沒辦法沒有副作用，但必須取副作用最輕的那一個。

要不然，跟自己玩個逆向思維小遊戲：這個方法叫做先去除「不明智解決法」（如下頁圖）。不明智的解決法，通常都是由情緒、直覺產生。

如果你能冷靜下來，朝著解決方向思考，大部份生活上發生的問題都不難解決。

通常充滿情緒的處理以及逃避法都是不明智方案，也常越處理越糟。

＊

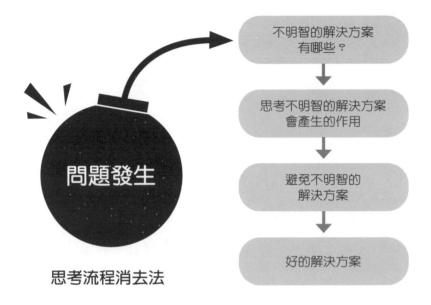

不明智的解決方案
有哪些？

思考不明智的解決方案
會產生的作用

避免不明智的
解決方案

好的解決方案

問題發生

思考流程消去法

　　管理學者一直希望能夠打造一個完美解決問題的模型。

　　不過，因為人類問題本來就多，不可能會有一個模式可以完美解決各種問題。

　　下面這個模型，是依時間的緊急與否和事情的重要與否來分的，其實思考起來也會很有幫助。原來，我們常忽略了重要的事情，把人生的機會成本都花在不重要、不緊急的事情。請看一下這個時間管理 vs 問

　　　　　　　　6　享受痛快前進，倔強還是要有

題解決法。

也可以用簡單的四象限法表示，下面可以解釋得更具體一點。

這是美國管理大師史蒂芬‧柯維（Stephen Covey）提出的「時間四象限法」，幫助我們管理工作事務，又叫做「艾森豪矩陣」，因為美國第三十四任總統艾森豪說過：

	緊急	不緊急
重要	**處理** 立刻進行	**考慮** 安排時間進行
不重要	**委派他人處理** 誰能幫你做這件事？	**不用處理** 刪掉這件事

名為「艾森豪矩陣」的解決問題方法

「重要的很少是緊急的，緊急的很少是重要的。」

也就是所有事務皆能用「緊急」與「重要」分為幾個象限。雖然每個人對重要性的認知不太相同，但請以客觀原則為準（不然，也有人覺得聊八卦是他的人生大事），模型就是為了建立客觀原則。

請先大致了解名詞定義：「緊急」代表必須立即處理。「重要」指的是能產生較大的價值回饋，但有點困難的事。兩者可以交集出四個象限（如右圖）。這四象限事務的特性是：

一、**第一象限「急事」**：多數人都忙著做有時間壓力且被規定得做的事情。人生急事是一個又一個「不得不」的短期階段目標，不能不做且一定要及時完成。

二、**第二象限「要事」**：本類多為影響人生重大的事情，大家都知道很重要，但是因為延遲一天也沒關係，所以不斷被推拖，人們寧願去做「閒閒沒事」的事。

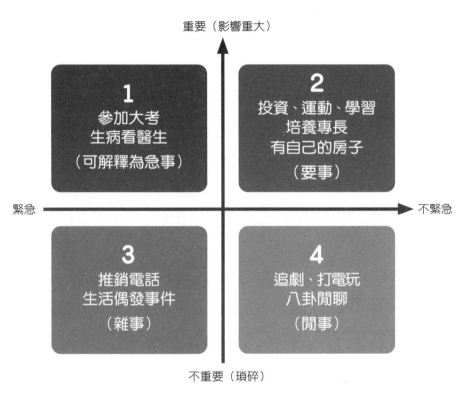

以日常生活為例來畫「時間四象限法」

　　三、第三象限「雜事」：往往受迫於他人壓力必須立刻做，但是做完卻沒有什麼成就感的積累。

　　四、第四象限「閒閒沒事」：在忙碌之餘，人們可以放鬆或抒發，不用負什麼責任、排遣時間的事。

我還是必須說，這是客觀分法。主觀上，旅行也可能是閒閒沒事，但是對於旅行家而言就是急事或要事。目標是什麼很重要，如果你把自己定義為想成為旅行家，或者想成為收納高手，那麼你的四象限內容肯定和別人完全不同。

＊

　　這四象限按時間處理順序應該是：

急事——規定時間內要做完要有效率解決 ⇨ 雜事——可以想方法不做，不被干擾，也可以請別人做完，儘量不要花太多時間 ⇨ 要事——循序漸進，要有節奏的完成，你應該要花時間和最大精力於此 ⇨ 閒閒沒事——當成陶冶和紓壓，也就是正餐後的甜點概念。

　　你的時間，就是你最寶貴的機會成本，所以你必須想辦法降低「雜事」，不要花太多時間在「閒閒沒事」，用有效率的方式處理「急事」之外，還要想辦法用 PIZZA 切割法執行「要事」，避免急迫。

　　但是大多人的處理順序常是：

急事 ⇨ 雜事 ⇨ 閒閒沒事 ⇨ 要事

很多人的人生被雜事佔據，搞得自己的心思越來越混亂，草率忙完「急事」後，便會將時間投入還更

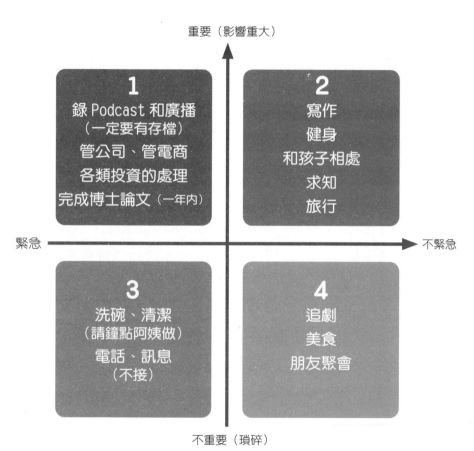

我以我的情況試畫「時間四象限法」

勞累身體的「閒閒沒事」，極少執行「要事」來改善人生，讓自己不斷陷入無能為力的疲累循環。活得很累，卻沒有學到什麼，也沒有經驗的積累。

「重要的事」就是對你的目標產生高價值的事。

我目前的人生四大象限是這樣的，看來也平淡無奇。很多人會覺得我很忙，其實，我只是盡量不要為雜事而忙。至於那些閒閒沒事的事，是人生美好的犒賞，也不能沒有。

這個表提醒我們在時間管理上，盡量達到「你自己認為的均衡」，要考慮如何分配才能「現在活得有充實感，未來活得有希望感」，並不是要你刪掉任何一個象限。至於取捨，就挑戰你的自律度了。還是套一句俗話：「時間和乳溝一樣，擠一擠可能就有了。」人不會沒時間，只有想不想做與要不要做。

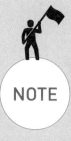

NOTE

7

尋找屬於你的
詩和遠方

很多人都說自己找不到方向。

你以為終身的方向是你「現在」馬上找得到的嗎？

就請你且行且尋找，且行且珍惜！

我們家的鄰居都很好，會在有事的時候，互相幫忙帶對方的孩子。

大家的孩子年紀差距不大，很能玩在一起。不過，我因為很晚才生孩子，年紀比附近鄰居太太們大得多。

我發現，年輕的媽媽比我更擔心孩子的未來，急著判斷未來，有時把孩子「一時」的表現想得很嚴重。

她們會從孩子某一段「現在」的表現，就去推測未來如何。

曾經有位媽媽帶她的兒子來我家玩，小孩相處得挺融洽的。不過第二天，這位媽媽跟我說：她在兒子的口袋裡發現了三輛小汽車，很顯然是我家女兒的，因為小男生很喜歡，於是就帶回家了。

媽媽第二天早上才發現，一直跟我道歉。

我說：「是這樣嗎？呵，小熊根本沒發現，她車子太多了。沒關係，下次請他還回來就好了。」（我明白，這時可不能很大方的說：沒關係，送給他好了。這樣會助長孩子的偏差想法，認為不告而拿有甜頭。）

聽我雲淡風輕的回答，這位媽媽說：「難道……妳

沒有懷疑他的品性有問題嗎？我沮喪了好久⋯⋯。」

我笑了：「妳想太多了，孩子才六歲，把喜歡的東西據為己有是本能行為，他並不知道那在成人世界叫做偷竊，他只是不知道這樣做不好。妳可以趁這個機會告訴他，他可能也不喜歡人家到他家把他的東西拿走，不過，真的別想太多⋯⋯。」

她釋懷了：「喔，聽妳這麼說我好多了⋯⋯。」

原來在她還沒跟我說的那幾個小時，她因為懷疑小孩品性有問題「如喪考妣」。

就是因為孩子還不懂，所以我們要幫忙讓他理解。

且莫急著判斷「前途」

我們常常把很遠的未來，放進現在有限的資訊中，想要此刻就將之「論定」，卻因而變得過度擔心。

這是我看到的，比我年輕很多的媽媽的焦慮。

孩子未來遙遠得很，你不要先下判斷，那肯定很

武斷。

你現在的樣子，真的是當初你爸媽想像得到的嗎？

我們都在變動很快的世界中長大，改變自己，適應環境或變老。我們有些不變的東西，但也有許多變動的軌跡。

不要用某一種現狀來判斷人，尤其是可塑性和變動性很大的孩子，否則，你可能會被歲月狠狠打臉。

電影《阿甘正傳》中有一句名言，至今仍為人津津樂道，是阿甘的媽告訴他的：

「人生有如一盒巧克力，你永遠不知道將品嚐到哪種口味。」（Life was like a box of chocolates. You never know what you're gonna get.）

我們也不要從某一個小階段的狼狽狀況，來判斷自己的人生都會這樣倒楣。

＊

我們家最近也曾發生一件事。由於大家也很關心彼此的小孩，年輕媽媽對於「小孩會有什麼未來」的關切比我還急，於是小孩都上了很多才藝課。

　　我其實不想逼孩子學什麼。不過獨生子女喜歡有伴，熱愛和朋友一起，所以也想要跟著去學，像鋼琴、英語、乒乓球、素描⋯⋯。

　　在我看來，她喜歡有伴勝於學到些什麼。

　　自動說要學，但並不想練習，成為她的常態。平時少根筋，不管學什麼，都是回來就算了，沒有什麼自動自發苦練這件事。若逼她，就淚眼汪汪裝可憐，很像那隻鞋貓劍客。到了青少年期，如果想要提醒她：「是不是該練習了？」這逐漸叛逆的少女肯定給我大白眼。

　　老師給壓力則顯然比我有用得多。有一回鋼琴老師要大家開成果驗收會，小熊選彈〈天空之城〉，也全由擅鋼琴的鄰居太太在旁監督她練習。

　　我不會彈琴，小時候家裡根本買不起鋼琴。當年有一位媽媽的朋友是音樂老師曾教我彈琴，但她很

兒，會用藤條打我的手。而且因為家中沒琴，根本沒法練習，我媽要我在窗台畫黑白鍵，假裝是鋼琴……，我的想像力當然沒辦法那麼強。

總之，那天上台，小熊雖然少彈了幾個音，還是差強人意彈完了。彈完之後，自我感覺無限良好，回來時很認真告訴我們：「我以後要當鋼琴家。」

鄰居太太聽了很高興來跟我說：「她找到志願了，她要當鋼琴家！」

我微笑道：「不急，我們且聽其言，觀其行。」

果然，在沒有人刻意提醒的狀況下，這位未來鋼琴家在之後兩週，總共只練習十分鐘。那十分鐘還是因為爸爸提醒她，她好像說未來要當鋼琴家，鋼琴家好像要練習喔。結果得到白眼一枚！

你以為當鋼琴家只要有目標，下決定就好嗎？

我也不是什麼相信「船到橋頭自然直」的媽媽，但我也一直跟操心急切的媽媽說：孩子的未來啊，恐怕跟妳想得不一樣。因為未來世界還剩下什麼工作給人類，不是此刻可以想像的。妳不要試圖用單一事件

或狀況，就把孩子的未來想完。

如果你問我，有什麼能力是不會被淘汰的？我會說：解決問題的能力！

有趣的是，看完蔡依林演唱會，女兒又說：「我要當蔡依林！」妳以為那麼簡單？我找了蔡依林如何艱苦自律的文章給她看。果然，第二天就沒再提起這個願望。孩子啊，你真以為跟神仙教母許願就有用？世上任何媽媽啊，就算是武則天，教出來的孩子也……一個比一個不行！

🚩 人生是山路，沒有登山導遊

人也不是立了一個志願，就一定會到達他要的遠方。

遠方之路實在曲折。

有時候你會發現，到達了目的地，但那個地方跟你原來想像的不一樣。有時候你會在中途轉彎，被另

外一個目標吸引了。

你不要責怪自己違背初心。又不是談戀愛，愛了一個又愛另一個，就叫劈腿。這並非道德問題。

我看過很多人轉換過跑道。有人不當醫生，去當藝術家；有人不愛當台積電工程師，熱愛創業；有人不想當老師，去當導遊。

很多企業也轉過彎。亞馬遜剛開始是賣書的，馬雲剛開始只想要開翻譯社，賣點小東西彌補虧損；而李嘉誠的人生目標，他自己說過本來只是要開間小餐館，就算是台積電剛開創時也不知晶片會是幾奈米。

你不斷走著，然後你可能會看到你真正想爬的那座山──那座山上才寫著你的名字。

就算你達到了那座夢想中的山，站在高處，你還會看到另外一座遠山。於是，你也可能再爬一座山。

你的人生長度或許不足以攀登夢想的百岳，不過，誰能限定你只能爬一座山？

只要你走在通往目標的路上，願意享受披荊斬棘的快樂，那麼一切都是有意義的。

不要讓任何的期望成就你。

在我看來，父母在為孩子設定目標之前，最好想一想：這到底是誰的目標？如果只是你個人想要的目標，那麼，請先期許自己。沒有人是為了幫爸媽完成人生目標而來到這個世界的。

雖然我的確看不出目前有什麼東西可以點燃我孩子的熱情，但是我可以等待，而且我必須有耐心等待。我要自己別一直下指導棋。

有一天他會發現他想要爬的那座山。

父母的工作，只是陪伴和保護，不可能一輩子當登山導遊。

雖然，我看過太多自己的山路爬得不太好，卻積極堅信一定可以揮著鞭子讓孩子登頂的父母呢。

＊

我的人生中的確也曾困惑於：我到底能做些什麼呢？

比較早的志願，叫做「我就是喜歡寫」。喜歡寫，可能因為寂寞，很早就和書本交上了朋友。發現書中

有智慧的人比我周遭的大人有趣得多，沒那麼無聊。

就算如此，我也還是很多情的轉過好多跑道。雖然對我而言，我依然一直做著跟寫作還扯得上邊的各種工作。

如果用商學院常在講的「第一性原理」來看的話，寫作就是我的「一」，其他的工作，叫它們斜槓好像也不是太恰當，這個用詞不夠尊敬。其實，不管我接到什麼工作，只要我想做，我就想要把它變得專業一點。

能夠登堂，就要能入室，入室可能也滿足不了我，如果有二樓，我就要上去看看。

但也並非每一種都是如此，必須要是我在學習之後還認為自己有好奇心，而機會成本算一算也足夠支付的那一種。

只能是我自己選擇的。我肯定要對我選擇的事物有看法，有能力。

🚩 找出你的道理

第一性原理是什麼？你人生依憑的主軸和方向，可以用這樣的模型來表示：

用古人的話來講，就是找到一個可以稱為「吾道一以貫之」的東西；或遇到任何事情時，能夠抽絲剝繭找到最根本的解決關鍵。不忘其本，從而找到實現目標最優路徑的方法。

這個原理源於古希臘哲學家亞里斯多德提出的一個哲學觀點：「每一個系統中存在一個最基本的命題，它不能被違背或刪除。」這個名詞被炒得很火熱，主要得益於「當世天才」伊隆·馬斯克（Elon Musk）。你看，他可以做電動車，也可以發射火箭。這兩種東西，別人家用了幾代人的力氣都搞不完其中一個，但是他似乎輕易就跨越成功，因為他並不想參考別人怎麼做，他的思考總是傾向於找到那個行業最根源的問題。

對於電動車，他知道電池是最該解決的問題；對於火箭，他看了各種相關的資訊和論文，了解火箭所

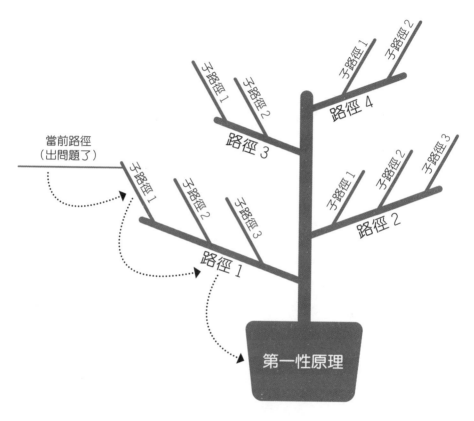

子路徑 1
子路徑 2

子路徑 1
子路徑 2

路徑 4

路徑 3

當前路徑
（出問題了）

子路徑 1
子路徑 2
子路徑 3

子路徑 1
子路徑 2
子路徑 3

路徑 2

路徑 1

第一性原理

第一性原理的模型圖

有構造，解決了火箭的「一次性」問題，他的火箭可以回收，這是 Space X 與眾不同的發展方向。

這也跟他曾經念過物理學博士有關係。

馬斯克與第一性原理

- 我們在生活中總是傾向於比較，別人已經做過了、或者都正在做，我們就也去做。這樣的結果是只能產生細小的迭代發展。

- 「第一性原理」的思考方式，是用物理學的角度看待世界的方法，也就是說一層層剝開事物的表象，看到裡面的本質，然後再從本質一層層往上走。

其實，王陽明講的「格物致知」，說的也是了解事物的基本，找到主要原則和解決方式。否則不管做什麼學問，都會把自己做成一個知其一不知其二的人。

物理學中的「第一性原理」，在思考個人發展時也可以參照。萬事萬物就算差異很大，如果你願意抽絲剝繭研究它，便會發現：所有的知識並不是孤立的。

*

很多人抱怨自己沒背景，沒靠山。

其實我看到的成功人士，心中都有個「第一性原理」，人生的山也都是自己用開山刀砍出來的。沒有處事幹練的爸媽和家人也許是一件好事。

過了年輕時的「文青期」後，我越來越會把握要點處理事情。不要耽溺於旁枝末節，把主要問題找出來；解決問題時，也要不斷思考「底層邏輯」對嗎？偏離了嗎？萬一「方法一」解決不了，能有什麼備案？不要越解決越糟，就好。

再不容易也要做決定。

抓住你的主原則，想辦法解決難題，比先去問別

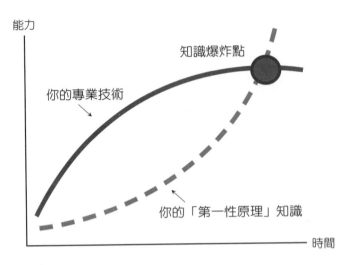

在思考個人發展時，也可參照「第一性原理」

人意見好。若老問別人意見，你的每個夢想都會被打得七葷八素，暈頭轉向。別怪他們，他們又不是你，是你自己要聽的。

　　大部份的人都習慣拿自己當比例尺，自己覺得難，就覺得別人也難，自己做不到，別人也一定做不到！

　　先問自己，想一想自己是不是可能有什麼「第一性原理」在支持你。

　　請再回頭看一次那個第一性原理模型。想一想你

　　　　　　　　　　7　尋找屬於你的詩和遠方

人生依恃的主軸「吾道一以貫之」的核心是什麼。

以我來說，寫作能力是我的核心骨幹，而我對人生的期盼，那個「第一性原理」是想要過著自由充實又精采的人生啊。人生只有一次，在我的能力範圍內，我願意搭建強壯的機翼，讓我能夠翱翔天際。

寫作要有很好的語文邏輯，後來我具備的其他能力，其實也都與之相干。雖然寫作還真的不是我的謀生主力。而能力，到底還是長期訓練出來的。

誰訓練出來的？外在的環境。還有，你內在的動力！

再送你一句我抄在筆記本上的話吧，有位企業家說：「**人生的當下都是博奕主導，人生的遠方都是基本面主導。**」（出自任劍瓊〈在精密的代碼裡，活出宏大而無序的時代〉）用大白話來說，就是人生的現在都是個賭局，有機遇問題，而你的未來要靠實力。

8

內心強大，
你就是幸福製造機

那些殺不死你的，當然會使你更堅強。

當考驗來時，你沒有逃，也沒有躲，也沒有慌慌張張的問人

怎麼辦，而是開始問自己：我要如何解決，如何順利過關？

一旦你開始這麼冷靜出擊，那就是你內心逐漸強大的開端。

細數她的人生遭遇，還真是一波未平，一波又起。大女兒從小生長遲緩，一路需要細心照料。幾乎就在同一個月，本來就有躁鬱症的媽媽忽然癱瘓，由她接回家照顧時，念高中的小女兒確診血癌……。接著又是年紀不大的親妹妹腦溢血中風，然後又是大女兒得了腦炎，全部都需要她的照顧。人家稱讚她是孝女，說她偉大，她說：「我只是沒有逃。」因為她坦然告訴媒體她的故事，竟然有人還在她的粉絲團罵她掃把星，質問為什麼她的家人都出事？要她去改祖墳風水……。這一切，她都承受下來了。長期當照顧者之後，她差點弄垮自己的身體。後來體悟到了一件事：一個人要先好好照顧自己，才能照顧別人。她寫了一本書，叫做《不逃跑的陪伴》，我看了十分感動，已經把她當偶像。

她是我的朋友，楊月娥。

她若不說自己歷經的磨難，你一定覺得她泰然自若，所以總是能夠在螢光幕前或廣播節目中笑聲如此開朗。

我自認為內心算是強大，事實上我自己想了想，那恐怕也是因為我沒有遇過像她那樣接二連三親人倒下的人生壓力。每個人人生挑戰不一樣，我們要承受的壓力，各色各樣，並不相同。的確，「人生的當下都是博弈主導，人生的遠方都是基本面主導。」

　　行走江湖，我十分明白：「千萬不要看到一個人泰然自若，神態優雅，就以為別人的人生沒有波折。」

　　在我讀她新書的期間，同一段時間，從社群媒體上看到一位教授朋友的消息。因為家中父親意外跌倒了，送醫處理。他一天大概發了七八則貼文，說的都是自己有多忙、多急、多痛苦、多難過、多憂心如焚，鉅細靡遺寫了自己又為父親做了些什麼，比如買了雞湯、看病、換藥等等。朋友除了保重和加油，實在很難說別的，而看多了，又覺得心裡難免有點怪怪的，這是在⋯⋯，每個中年人家中艱辛都大於此吧！

　　其實，我這個年紀的朋友，大多處在照顧上一代的階段。有人計算過，台灣年長者過世之前平均在病床上躺七年。在陪著父母歷經病痛的過程中，沒有人

真的好過，區別只是在叫與不叫、怨與不怨、說與不說。

只能說，人的壓力承受度差別還真大。請問，你敬佩的會是遇到事情就呼天搶地的人嗎？

*

承受了一點壓力一直呻吟，其實表示這個人原本活得很太平。之前我曾讀過作家大師兄寫他自己的故事，若說冤，他才冤呢！父親從來沒有照顧他們母子，在他念大學時偶爾回家，後來在家中風，讓他輟學來照顧，這一顧顧了七八年。一邊要負擔經濟，一邊要負責長照，一個二十歲的年輕人，真是好能扛。

不愛哀哀叫，是因為責任未了，叫有什麼用？

祖母高壽九十八歲，臥床十三年，一直有狀況。母親的肺腺癌來得又急又兇，發現時已經是末期，生病時她的情緒起伏很大，曾經一個星期趕走兩個資深看護。她得的肺腺癌又沒有健保給付的藥物，嘗試新療法一年估計得花千萬元以上。

那一陣子我最好的朋友也得了癌症，每週我最常

做的事就是去醫院。我不是個很細心的照顧者，只是還有能力支付所有的看護及醫療費用，並且運用人脈幫忙找到妥善的醫療。到國外進行輔助治療，一年花上八百萬（此外，標靶藥物健保不給付，國產一年五百萬，美國一千萬）。

還好我弟弟也是個遇到事情不逃走的，他在遊戲公司擔任主管工作，研發參展業務繁忙，在照料父母上，也一聲不吭，扛。

事情來了，能扛者扛，討拍不要太頻繁。一遇到事情邊扛邊哀怨者，我不相信你能有多少敬意？如果你是老闆，你會把大事交給動不動就哀哀叫的人嗎？

不躲，就得扛

人在處理這樣突如其來的人生變故時，不躲，就得扛。面對了就得平靜而勇敢，跟誰哭訴都沒有用處。一直在訴苦，表示他其實不想面對。心力得花在刀口

上，而不是花在訴苦和抱怨命苦上。

扛了，你會更堅強，人生又不是迪士尼樂園，收了門票，就要讓你覺得好玩。

＊

我和弟弟都能扛，是因為我們很早就理解，如果自己不做決定，可能就會被大人的決定搞慘。

我父母都是老師，也肯定都是口碑非常好的老師。之前說過，他們彼此溝通並不熱絡，但是只要一有問題，各路親友們就會衝到我家來幫忙理論。

可能因為能幹的祖母一肩扛起所有的生活責任，叫我爸只要會讀書就好。我爸書讀得好，當教師後也認為他只要負責賺錢就好（這一點，他是挺負責的，所以照傳統的標準，他是很棒的爸爸了）。不過，這也讓他成了生活低能症者。

我媽渴望的則是碰到困難有人幫她解決，顯然我爸不是這樣的人。我媽媽耳根子極軟，小時候我跟她逛街，常看她被售貨員遊說，買了她不需要的東西，後悔了又去退錢；或者，把東西送給人家又要回來，把本

來還不錯的關係搞砸了。這樣的事我從小看了不知道多少遍。這也有好處，提醒自己人生要果決，不然麻煩很多。

我媽是個善良的人，卻沒有勇氣說不。親人來跟她周轉，多半有去無回。後來我出社會了，剛當上一個領普通月薪的小記者，她就把我的電話給她的親人，叫他們打電話來辦公室跟我借……，當時我情商並不高，還真氣得哇哇叫。

其實不太能幹的父母，也是一種挺好的人生訓練。

我和弟弟幾乎在三十歲之前就合作當起一家之主。近三十年前，還很年輕的我們一起歷經各種急事、難事、喪事的震撼教育。總之，我們聯手處理的家族事件比想像中多，畢竟遇到了就是要解決。

逆境商數影響生存能力

在我看來，內心強大是要訓練的。當然，大多是

被動訓練。

當考驗來時，你沒有逃，也沒有躲，也沒有慌慌張張的問人怎麼辦，而是開始問自己；我要如何解決，如何順利過關？

一旦你開始這麼冷靜出擊，那就是你內心逐漸強大的開端。

學者保羅・史托茲（Paul G. Stoltz）曾經提出這樣的公式：

逆境商數 AQ（Adversity Quotient）法則
$$CORE = C + O + R + 2E$$
抵抗挫折的商數＝控制＋歸因＋延伸＋兩倍的耐力

保羅・史托茲設計了逆境商數的量表，同時做了一些臨床研究。例如，依美國 SBC 電信公司的銷售數據表明，高 AQ 員工比低 AQ 員工的銷售額高出 141％。並可證明：高 AQ 員工的生產力、創造力和溝通力，也顯著好於低 AQ 員工。更有趣的是，高 AQ

的病人在手術後恢復得也遠比低 AQ 的病人快。

看起來好複雜！但請大家有耐心些聽聽。這個觀察企圖建立一個「能夠克服挫折的成功者模型」，我們也可以用來審視自己的內在問題。一個人在處理逆境的慣性行為，的確會造就他的人格特質，影響他的生存能力。

關鍵 1：自我控制，而非控制別人

簡單的說，C 是 control，控制：你有多大程度覺得自己能夠控制局勢？是不是真的能夠控制是另一回事。你可能成功，也可能失敗，但是，你是否感覺自己可以控制突如其來的考驗，並且試圖讓自己戰勝這些困難？

有些人動不動就覺得自己「大勢已去」、「時不我予」；有些人就算在眾人絕望時，也感覺自己可以控制局面，讓它不要更差。

在實務上，我認為有些人是把「控制力」用錯了地方。我看過不少人，在工作或追求理想上，一下子就放棄了；但在愛情上十分頑強，就算對方其實對他完全沒有興趣，也認為一個巴掌努力拍還是拍得響。

把控制力施展在控制別人的意願，而非自己的意願上，反而會把自己的人生搞得更糟。這是一種唯我獨尊的邏輯斷裂。

逆境商數的控制，只指自我控制。

🚩 關鍵 2：失敗一定有原因

O 是 owing to，歸因。當你遇到挫折時，你如何歸因？

挫折必然有其外部原因及內部原因，外部原因也可能是天災地變，進行外部歸因於事無補，因為無可改變，唯一能夠改變的只能是我們自己。你總會遇到喜歡做外部歸因的人，在挫折發生後會對自己說一句

「這不是我的錯」，如此即可輕易放棄自己可以改變、應對、努力的責任。

內部歸因並不是要你找出自己的錯誤，並且進行嚴酷自責，而是相信你可以動手去改善它。

也就是說，高 AQ 的人既不嚴厲攻擊自己，也不嚴厲攻擊其他責任方；低 AQ 的人，要麼嚴厲攻擊別人，要麼嚴厲攻擊自己，卻會忽略改進的努力。然後，他被自己擊垮了。習見的「一蹶不振」就是逆境商數低的結果。

自憐、自卑、自我貶低的人，終究會變成誰都扶不起他來。閒話一句：有些婚姻在婚前就註定失敗。如果你談戀愛的對象，是屬於「外歸因型」的人，一旦遇到問題，只會怪社會、怪環境、怪父母、怪家境、怪你……這肯定很難救，和他把日子一起過下去，你一定成為他人生失敗時的罪魁禍首。這麼多年，我從來沒有看過任何一個人和強烈外歸因型的人組成家庭，能真正得到平安幸福。

🚩 關鍵 3：一切都要止損！

R 是 reach，延展，其實應該解釋為「不要讓你的損失擴大的能力」。前一陣子我在上心理學家武志紅的線上課程，他講了一個有趣的例子：當孩子遇到挫折時，你曾經幫他找台階下嗎？

他說，很多父母就是製造「延伸」（災難展延）的源頭。有位媽媽，發現兒子數學成績不好，就給兒子請了一個數學家教。兒子有一天和媽媽商量說，他可不可以不上數學家教，好累啊！這位媽媽想了想說，好，不過數學上丟失的分數，你要在你比較擅長的物理和化學上補回來。

心理學家竟然說，我猜：「你兒子的物理和化學成績後來也下滑了，對吧？」她吃了一驚，說：「的確如此，你怎麼知道的？」

「而且，你兒子所有的科目都變差了，對吧？」

又被說中了。

武志紅解釋：「這位媽媽的做法，實際上是讓孩

子輕易的把一件事情上的衝突和挫敗，延伸到了其他領域，最終製造了災情的延展。」

也就是太輕易的放棄了。

太輕易放棄一件事，其他事就跟著摧枯拉朽。

當然，不是每個孩子都是通才。如果他真的不行，有時你逼死他也沒用，但應該鼓勵他多試一下。和自己比總要一點點進步才是對的，如果一直為自己的失敗放棄努力，不久就會全盤都放棄。終於，放棄成為一種習慣。

我也遇到這樣的同事：很擅長找台階下，遇到新的挑戰，先退回去，說：「我不行，我沒辦法。」雖然他剛來公司時表示自己會努力學習、努力克服難題，因為他必須解除經濟上的困境。但是那種「做什麼都先退三步，要人又拍又拉又推才能從洞穴裡走出來，甚至會因為壓力大就從辦公室消失」的實際作為，卻使他成為公司的瓶頸點，公司沒有他的時候，工作起來還比較沒有精神壓力。最後，也只能祝福他找到他真的能夠勝任的「無壓」工作了。

一個不習慣克服的人，總會想要退回洞穴中。沒有自我驅動力的人，始終無法成事。

我十四歲來台北念書時，又要面對升學壓力，又要面對獨立生活的壓力。明明都是用差不多的成績考進來，但城鄉差距的確是有的；剛上高一，對於每一個科目的落後都深感困擾。國文本來是我最好的一科，老師卻說我們這些鄉下來的孩子連念課文都有鄉音，這使我大惑不解（我在「鄉下」一直是全校朗讀比賽的第一名呀，怎麼會？）英文老師用全美語上課壓根聽不懂（我們以前的老師上英文課用的全是中文呀），數學更慘了，上課的時候怎麼同學都算得那麼快……。

這類狀況我在商學院中又遇到一次。我真的是以「小白」之姿來念商學院的，在念台大 EMBA 之前根本沒有真正做過生意，也未曾在真正做生意的公司任職，連什麼是麥當勞的「商業模式」都答不出來。從來沒上過財務和會計課，借方、貸方是什麼都會搞錯。我還是努力過關，努力的學，努力的考試，因為我沒

有放棄的理由。雖然我深深明白，我的會計讀得再厲害，也考不過班上的會計師（但是我可以努力聘用他們），我只是沒放棄，不然，我要放棄的肯定很多。

我的管理會計還在中歐國際工商學院拿到 A 的成績（我們是按比例給分的，前5%的學生才能得到 A）。

得到 A，其實並不是因為我真的那麼高明，而是我真的努力搞懂了老師講解的每一題。還有，之前我也在台大 EMBA 修過管理會計，已經不是菜鳥的緣故。

努力過必留下痕跡。雖然在中歐我的財務報表課程還是 B，原因是之前在台大我沒修過財報課程，這是第一次。我答完五分之一的題目時，班上擔任 CFO 的同學已經交卷了。這也是第一次，我知道考這個我實在比不上人家，但是我好歹沒有放棄。我只能希望以後有能力聘用他！

前不久，我又去選修了一門財報課，終於發現自己更加懂了。原來「一眼看出財報問題」也不是那麼難，當不了財務人沒關係，至少當一個看得懂的人吧。

是的，就是要「不知道哪兒來的堅持」。

我有一句自我安慰的話，叫做：

寧可戰敗，不能白白投降。

失敗了沒關係，不能還沒打就認輸了。萬一，成功了呢？

🚩 關鍵 4：把面子先丟一邊去

2E 是二倍的耐力（Endurance）。這個耐力，指的不是單純的忍耐，而是比較偏向意志力。

史托茲認為，高耐力是高逆境商數最明顯的特徵。所謂的高耐力，就是會「把逆境以及導致逆境的原因看成是暫時的，總是會過去的」，這就是樂觀主義精神。因應困難，採取行動。

無論如何，在楚漢相爭之中，劉邦就是比項羽的耐力強兩倍，不容置疑。很少輸的項羽，因為無顏見江東父老，不肯過江東，就證明了他對失敗的承受度

已經崩盤了。因為他對自己的期許過高，面子問題也很大，不能贏時，竟寧可全輸。

耐力是一種在弱勢中扳回信心的勇氣。

雙倍耐力的人，咬著牙也要看看自己能不能夠轉向。美國作家塔雷伯（Nassim Nicholas Taleb）有一本名著叫做《反脆弱：脆弱的反義詞不是堅強，是反脆弱》（*Antifragile: Things That Gain from Disorder*），書中提到一個詮釋反脆弱的道理：

人在經歷了大起大落之後，仍然內心堅定，那這個人就會擁有一個更強大的「生存系統」。

說穿了，也就是尼采那句名言：「殺不死我的，使我更強大。」

＊

逆商可不是逆來順受，它是擁有堅韌自我的人，才能承受巨大壓力；光忍受是沒有用的，相信能夠用行動改寫困局的人都擁有開放的心態。

在投資世界中，黑天鵝可能帶來巨大損失，但也可能是讓你找到低點的契機。「反脆弱」講的就是：

風可能熄滅蠟燭，但也可能使火越燒越旺，人在極度脆弱的狀況下，仍可能從波動和不確定性中獲益。

反正都沒了還怕什麼

內心強大，當然是學來的。沒有歷練，何來強大。

不久前我在廣播節目中訪問了一位剛剛出版第一本書的作者，真不容易的一個女孩——盧姸菲（Lucy）的《梭哈，換一輩子的幸福：單親母子的韓國勇氣與成長之旅》。

她在書中娓娓道來自己的故事：為了想要一個溫暖家庭，大學剛畢業就懷著身孕結婚了。但是嫁進去的那個家，超出她對幸福的所有想像力。

那是一個非常傳統的父權至上家庭，感覺更像一個極權的公社，一切都要遵照大家長的指令。一嫁進去之後沒有自己的時間，只能在家中工廠工作，也不能有個人資產。婆婆在暴力陰影下唯唯諾諾的存活，

後來輪到她挨打了。

有一天中午，只是因為「自行」帶著孩子回附近娘家吃飯，老公追了過來，結果在她爸媽面前動手打了她。

這一動手就是狠狠摔落樓梯，害她不良於行，很久才復原。她知道這個家是待不下去了，心意已決，在醫院，她堅持開了驗傷單，之後並未聲揚，回婆家搜集證據。她不想讓孩子在家暴陰影中長大，但要擁有孩子監護權，必須想辦法證明自己有財力。還好她在大學時就兼了不少差，有一筆存款並未「上繳」，成為她能夠撫養孩子的財力證明。

她裝作若無其事順從，在老公收到傳票的前一天，帶著嬰兒逃出來。她說還好那是個暴風雨的夜晚，而孩子也很配合，完全沒有哭鬧。雨打在家庭工廠的鐵皮屋頂上，遮住了汽車發動的聲音，否則住家離鄰居很遠，萬一被拖回去打，恐怕沒有鄰人聽得見。

等她爭取到了監護權，卻又發現自己得了癌症，得接受化療。「孩子還小，千萬不能這時候死！」她

當然也想過，「天哪！怎麼我這麼年輕，就遇到這麼多事情？」而一直住在娘家，給爸媽帶來麻煩，心裡也不好受。

化療一結束，她就想辦法開始做生意。為了要有全新的環境生活和增加自己的語文能力，她申請到了韓國梨花大學念韓文，也為自己圓夢。一個年輕媽媽，帶著一個三歲小孩，生活在兩坪大小的房間，根本沒有錢請保母，在餐廳打工洗盤子，也一樣帶著幼兒，這樣的負擔真是夠嗆的。生存乃母親第一要務，她後來一邊讀書，一邊在東大門當導購……。故事很曲折，無論如何她熬過來了，現在憑著優異的韓文能力，在某外商公司當採購經理。

她的家庭本來也很傳統，她的父母就算女兒被打了，本也希望她不要離婚，回去忍耐一下，嘗試「說不定只會被打一次」的可能。還好她的意志很堅決，也明白：不是不能原諒，而是不能再忍受。

我問她為什麼要出書，她說她這些年已經靠著自己的能力在臺北買了房子。雖然不是什麼偉大成就，

但她覺得自己終於有了立足之地，希望和她一樣受到生命為難的人，也能夠明白：靠著自己的力量走出困境，終究值得。所以才把經歷的過往寫成一本書，這也是她在最困頓時的夢想之一。

那天她一邊接受訪問，一邊默默把一整盒面紙都用完。

我看到的是一個一雙眼睛發著希望光亮的女人，眼神非常堅定，因為她的人生是靠自己爭取來的，雖然走過了死蔭的幽谷。

我們總是希望和平，渴望幸福；但我們不能毫不反擊，任由所謂的「命運」欺負。

當你的幸福受到摧殘，請冷靜說不，勇敢離開，活著離開，不要繼續把臉朝向陰暗，那才是一條屬於我們的生存與成長之路。

＊

有時候我們的人生跟電玩裡頭打怪的過程，很像。

如果你也做生意，那更像。總有挫折要克服，越是進階，怪物的段數也越高。

打倒怪物之後你的積分會變高。

當然也別把所有的對手都想像成怪物，沒那麼糟。

莫泊桑是這麼說的：「**生活不可能像你想像得那麼好，但也不會像你想像得這麼糟。人的脆弱和堅強都超乎自己的想像。有時，我可能脆弱得一句話就淚流滿面；有時，也發現自己咬著牙走了很長的路。**」

無論如何，為了讓人生值得好好活，請有些堅持。

做一個內心強大的人，並不辛苦，反而可以得到一種自發性的快樂，我試過，真的。

9

先理性、再感性好嗎？
別用拍腦袋解決問題

如果你跟我一樣，天生有股傻勁和衝勁，那麼，在某些客
觀決策上，你一定要有理性法則。也就是做任何事情，如
果猶豫不決的話，不要隨意決定，請找出怎樣比較有道理。

我天生反骨性格，但是我知道當好學生肯定有好事。

我人生中第一個關於「人一定要有理性法則」的教訓，發生在小學五年級的時候。

那時候我剛學會騎單車。

以鄉下小孩而言，五年級才會騎，顯然很不怎麼樣。無論如何，我學會之後就發現了一件事：當你不再需要大人載你，就可以得到很大的自由，不那麼容易被人家「掌握」。

不過，我前幾次獨自「出巡」就出事了。

我家在大馬路左轉的巷子裡，當時傻傻的我還沒有學會眼觀後方再轉彎。

所以，我採取的方式叫做碰運氣。也就是到了路口，感覺後頭應該沒車，於是就左轉了。這種做法叫做「我猜後面的直行來車應該會看到我吧」。

結果我真的第一次左轉就給撞倒在地上。

機車騎士緊急剎了車，所以我雖然砰的一聲倒地，摔了一下，但手撐在地上，人無恙。

我記得那個機車騎士很帥（這是哪門子的車禍記憶），我回過神來時，看見他一臉驚慌，扶起我的車，看我沒太大問題，年輕騎士浮現一臉「陽光男子的微笑」。

我跟他說對不起，他也跟我說對不起。

回家之後才發現自己的左手虎口裂掉了，流了好多血。我不敢告訴我媽，怕以後被禁止騎車，自己用清水洗一洗，隨便包紮了一下，似乎沒多久也好了。

人真的是要「碰到」才會真正學到什麼。

我學到什麼？

我學到了：所有的事情都不要碰運氣，否則很容易遭到不測。

從一個孩子剛剛學會騎腳踏車，還不會轉頭往後方看看有無來車，就想要碰運氣看能否順利左轉，便可知道我天生性格莽撞。

當時我為什麼沒有想到，可以停下來，然後看看左右有沒有來車再過馬路？

活著回家是重要選項，下車來觀察，明明很容易呀。

你一定會說，這個道理太簡單了。

並不。在人生中，在投資世界裡，多少人是傻傻過馬路，祈禱不要被車撞到的呢？

沒有理性腦，就得肝腦塗地

理性法則並不保證一定成功。

但是**如果你跟我一樣，天生有股傻勁和衝勁，那麼，在某些客觀決策上，你一定要有理性法則。也就是做任何事情，如果猶豫不決的話，不要隨意決定，請找出怎樣比較有道理。**

你知道法商學院教的和文學院教的有什麼不同嗎？對我而言，就是理性決策。

當一個文青，感性是必須的，但是太盈滿的感性，會扼殺你跟這個世界溝通的可能，還有在人世間好好活著的可能。文青是誇張的，不誇張無以成文學，放大你的喜怒哀樂及想像，再加上豐富的文采，以及別

出一格的文筆，會讓你完成優秀作品。

不過你應該也很清楚，偉大的文學家到頭來都是具有相當厭世或仇世傾向的，人間的快樂和美滿很容易在文學中變得淺薄或荒謬，而極少懷抱著正向心態的心靈雞湯作者會成為偉大文學家（我說我自己）。

而法律是為維持秩序與建立規矩而來，商學講的是理性決策與思考分析。

這兩者對充實我的理性都有極大幫助。

常有人以為我是文學院，我真不是，我只有在大學畢業後因為不知道自己出社會能做什麼，考了中國文學碩士。後來我發現，我在法學院看起來像個文學院來的，在文學院中看起來又像個法學院來的。

很長一段時間，我的感性腦和理性腦總是不斷的協談，或……吵架！之前，只要感性腦一再獲勝，我的決定都會帶來非常烏煙瘴氣的後果。

後來在商學院裡頭，學了理性決策模型，左右腦吵架情況確有改善。右圖就是我畫的簡易版模型。

看起來很無聊，但是，如果你做什麼事情都可以

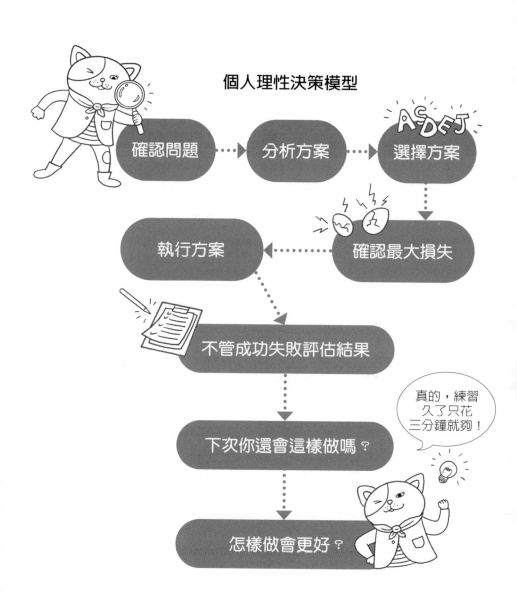

個人理性決策模型

確認問題 → 分析方案 → 選擇方案

執行方案 ← 確認最大損失

不管成功失敗評估結果

下次你還會這樣做嗎？

真的，練習久了只花三分鐘就夠！

怎樣做會更好？

花五秒鐘想一想，就不太容易掉入一個「顯而易見不正確」的決策中，拿自己的人生去梭哈，好路不走，去走險路。練習久了，你就會有基本的理性去權衡得失。

看起來無聊對不對？但是並不複雜。

如果沒有一點理性，那麼人生的教訓不會變成你的經驗，而累積的經驗也不會淬鍊成你的判斷智慧。

凡人，在理性思考還未成型的時候，就只能依靠本能。

理性思考，避開陷阱

我們先來做一個理性練習題吧。

現在你把錢存進銀行，頂多拿 1％ 多一點的利息，如果有人告訴你有個投資案，每年可以獲利 10％，而且保證還本，每季皆給息，你要不要加入？

給你三十秒回答。

會來看這本書的，基本上已經是理性的讀書人了，你一定會覺得怪怪的。

這是華人世界 N 年來不斷被複製的高息陷阱。每一次都害得信任者傾家蕩產，而且不是只有自己傾家蕩產，還連親友一起，只因為剛開始會領到一兩次利息，他就相信永遠會領到利息，於是「吃好倒相報」（台語）。

包括之前盛行在婆媽間的互助會，也是在這樣薄弱的信任根基下進行。我只能說，早期的人真純樸，如果你跟會而沒被倒過會，真不容易。

你應該先想想：人家拿了你的錢，是去哪裡生「每年一定有的 10％利息」，是因為他家有個聚寶盆嗎？要你去招徠親友，不是老鼠會是什麼？

某個認識的親友，從早期鴻源集團開始，每隔幾年，只要是高息的陷阱，無役不與。

大約五年前她還想要說服我，說有個每年「投資」一百萬、每季即可領回十六萬的機會，問我相不相信？

我實在不想聽，心想她又要掉進去了，跟她說千萬不要，她卻惱羞成怒，說她已經領回兩次了。每個親友都很感謝她介紹這麼好康的事，只有我像一隻黑色烏鴉在詛咒她。

「妳知道那家公司在做什麼嗎？」

「這⋯⋯應該是在拍電影。因為我去開大會的時候，看到有你們影劇圈的人在站台，好熱鬧⋯⋯。」

我聽了就知道是笑話一場。相信你應該很清楚，拍電影的成功獲利率有多低，你以為每一部都是《阿凡達》還是《鐵達尼號》？只要提出電影界的平均報酬率，你就會知道票房大成功是多麼了不起。除非那部電影是你的夢想，就算傾家蕩產也沒關係，否則影劇圈的投資恐怕是一種「就算賺錢也分不到你身上」的標的。

「如果是拍電影，那就別提了，他們不會告訴你是投資卡麥隆或湯姆克魯斯的公司吧？」我嘆了口氣。人對於自己已經做的財務決策，都是寧願相信終點一片光明的。她接著說：「只要拿回五次，那我就回本了，

萬一那間公司第五次後倒了，也沒關係！」

我心想，那妳還想要招我入會？妳第五次被倒時，妳招進去的人還沒領到三次利息，損失比妳多呀。會那麼充滿使命感的招人，必是因為老鼠咬老鼠，之前的老鼠會得到「先行者」的好處。但無論如何，本金最後必定完蛋了。

這個決策，跟我小時候騎單車左轉有什麼不一樣呢？就是賭賭看，用命來賭一個左轉。

打個比喻，這就像下了一百萬的賭注，只想要贏每天區區一千塊，能領多久沒關係。

不管怎樣她都說不聽，因為她已經「撩落去」（台語）了。我跟她說，妳回本那天，我包米其林餐廳為妳祝賀吧。「我記得妳上次被倒的時候，我曾經告訴妳，只要有人跟妳說保本，保證利息超過定存的兩倍，肯定就是詐騙吧？」

其實根本不用兩倍，只要他是個「人」，一個你怎樣都跟他不相關的人，保本和保息都是詐騙，我只是故意說個數字讓她可以稍微理性的估算。

定存利息是 1％，兩倍是 2％。「我的媽呀，他答應給妳 64％吔……」

精確的數字，應該可以把人拉回理性思考。

「所以它不是 2％呀！」她理直氣壯的說。

「什麼？」64％不是 2％。沒錯，是它的 32 倍！所以……所以我的勸告不成立……嗎？

講到這裡，我就知道再說無益，她已經完全因為自己熱烈期待「被動收入」而失去理性。她好歹中上教育程度，都已經到達這樣的腦霧，我還能說什麼呢？

總之，她沒有領到第三次利息。而過去感激她介紹好康的人，全部都在怪她，後來她只能到處躲人。不過，債還完了之後，今年年初她又來跟我說她去參加某個農會（應該是農會大樓的某辦公室）的投資講座，一年半投報率 27％，也就是一年 18％，只要付三百萬。唉喲喂呀，你說呢？

你要雞蛋，他要雞

這個現實社會有不少習見的「坑」。你要的是雞蛋，他要你的雞。

有些股票上市公司，玩的也是這樣的把戲。而且總是能夠獲取喜歡高息者的注意。然後，變成你理財史上的壁紙。

所以我不愛買個股。以台股來說，除了少數「它倒了台灣也倒了」的金融股和 ETF 定期投資外，這十年來我未曾買過任何「飆」股。

*

理性腦並不難培養，只要你不要一股腦兒相信直覺。

只要你不騙自己，通常別人也騙不了你太久。

所謂理性，要根據經驗來判斷。

之前曾經有個學者在華爾街做過一個實驗，提出「猴子射飛鏢理論」。

猴子射飛鏢理論

這個有趣理論的產生，已經是 1973 年的事了，美國著名學者墨基爾（Burton G. Malkiel）寫了一本《漫步華爾街》（*A Random Walk Down Wall Street*），出版之後大大暢銷。在書中，他做了許多分析，發現大量

> **隨機漫步理論的結論**
> - 股票價格的波動是完全隨機的，無法預測。
> - 猴子扔飛鏢都能戰勝基金經理

隨機漫步理論準嗎？

證據證明股票價格波動完全隨機，無法預測。也就是說，那些號稱權威的基金經理人、券商分析師還有各個股友社的老師全部都是「呼嚨」投資者的騙子。

墨基爾用大量的數據證明了：「把一隻猴子的眼睛蒙起來，讓它透過亂扔飛鏢去選股票，其回報都能和基金經理差不多。」

雖然書很受歡迎，但墨基爾給金融業這麼大的羞辱，引起了很多人的憤怒。多年前台灣也有本暢銷書叫《理財聖經》，教人家隨便買、隨時買、不要賣，此書大賣特賣，因為讀者都認為自己比猴子聰明，射飛鏢應該更準，只要買了不賣，應該將來都會有一筆豐厚的財富。

這其中弔詭之處在於：投資應該是理性的吧，可是，越教大家不需理性就可以輕易賺錢的理論，反而越受歡迎，這樣的書迎合了我們心中的賭性。你的左腦不必辛苦運作，就可以占盡這個世界的便宜。多麼有號召力！

當時「隨便買、隨時買、不要賣」的人，應該都

收穫了不少「個人理財牆上的壁紙」。問題在於此書出版時是牛市末期，所以下場很慘烈。

有些股票抱了一輩子也回不了本，甚至變成零。在牛市時，它是準的，大家都漲呀；熊市時，射錯的連翻身機會都沒有。

「隨便買、隨時買、不要賣」的股票，在人類金融史上唯一成立的，只有波克夏的股價，還有美國 S&P 500 指數，而且只限長期投資。對，就是巴菲特，他用「長期效益」證明他是對的。因為巴菲特沒有配過股（一配股就要被美國政府課走好多稅，雖然他愛美國，但是深深認為消費者要給政府抽那麼多稅相當沒有意義），所以他的股票從剛開始的不到 10 元美元一股到如今的 50 幾萬美元一股，價值全部累積在股票市值上。

請看一下這四十年來的技術線圖。

假設我爸在巴菲特剛開始上市時，就花了 100 美元買了波克夏，然後沒再買，也沒賣，放在抽屜裡忘記了，那麼現在會有多少錢？

因為股票隨時在波動，所以我只能約略估算一下。這些年來波克夏以長期效益來看，平均每年20％左右。當時的 100 美元，現在大概就是 500 萬美元以上！

波克夏股票市值圖（至 2023 年 8 月 31 日）

真的？當然是真的！

不過，問題在於：那麼多股票，一隻猴子射中波克夏的機率有多高？當然很低。

巴菲特的波克夏若按照他和查理‧蒙格的「價值投資理論」來運行，他們兩個老人家可不是閒閒沒事

在家裡射飛鏢！

想要射飛鏢，還是不行的，你要有理性決策。如果你沒有理性決策的話，請相信「一群優等生」。

如果你是校長，要讓學生參加校際的成績競賽，給你三種方法，選擇三十個同學參加。一、按以前考試成績，挑出最優秀的三十名；二、把學生的名字寫在牆上，蒙著眼睛像猴子射飛鏢一樣射出三十名；三、按以前考試成績，選最爛的那三十名去參加。怎樣比較容易贏？

這個蠢問題的答案一定是 1 對吧。

可是在投資時，大部分都在道聽塗說，其實採取的還是 2。不只是股市，從來沒有創業成功過的朋友邀你加盟就入股，還有……就像不懂比特幣的人也投入所有身家瘋狂的買，更何況還有人想要「曠」那些貓貓狗狗幣。

甚至有人固執的選 3。什麼？你不相信有人這麼失智？

有的。有一陣子各財經雜誌還在介紹「買雞蛋水

餃股賺大錢」理論，理由是如果股價已經是 100 元，那麼要漲到 200 元很難；如果只是 1 元，要漲到 2 元，大家都會糊塗買糊塗漲，不會感覺漲很多，所以輕易就翻倍了，不是嗎？真的還有人信！

在墨基爾的年代，還沒有 ETF，你只能購買個股。基本上，ETF 的股票組合就是「一群優等生」的理論。波克夏其實也是。請記住：他們在挑選有價值的好公司，做比較長期的持有。理論也可以這麼簡單的講完。

不過，ETF 也有很多種。總之，請選擇「一直是優等生」的那些，不要期待翻倍，策略正確，長久就能翻身。

不做隨風起飛的豬

在大牛市的時候，什麼亂象都有，什麼人都覺得自己是天才。

在牛市時極度樂觀，在熊市時極度悲觀。

牛市可能發生很多事，就像豬在風口也會飛，不代表豬有翅膀。

「豬在風口也會飛」，本來是小米創辦人雷軍說的，比喻生動，一時大眾傳頌。

我在中歐讀書時曾經聽到有趣的對話：有個同學問經濟學教授許小年，他是不是應該跟著去創某個大家都很熱烈在投的業？教授嘆口氣要他仔細考慮，不要跟風。同學反問：「人家不是都說豬在風口也會飛嗎？」

教授皺了皺眉頭說：「你都把自己當豬了，那還要我說什麼？」

那些趕著流行想要學猴子射飛鏢，學豬在風口飛的人，用的當然不是理性法則。他們想到的都只是「碰運氣」。

每一個持續成功的人，在做判斷時，腦中必有一套理性法則，肯定不是什麼熱就投什麼，喜歡誰就跟誰，大家都這樣我就這樣。

風，可能不一樣。

阿里巴巴的馬雲也曾經在演講中引申：

「**豬碰上風也會飛，但是風過去摔死的還是豬，因為你依然是豬。我們每個人要思考你怎麼把控這個風，你怎麼去掌握好這個風，怎麼提升自己⋯⋯我們不應該去尋找風口，而是真正的把自己變成一點點風就能夠飛起來的人！**」

別只是找風，也不能當豬。

你要有你的理性判斷。

理性判斷來自於自我訓練。不要怕犯錯，最怕的是犯完錯還沒有學到什麼。

你所經歷的事，如果對於人生能有些理性的正反饋的話，那麼，就算錯過，你還是正在進行非常美妙的進化。

靠運氣賭贏，人生不會有收穫

講了這麼多動物，我再來講貓的實驗，也就是「猴

子射飛鏢理論」的實際研究。

那是 2012 年的事。當時，全世界的股市從 2008 年的金融風暴中復甦。英國《觀察者》（*Observer*）雜誌舉辦了一場好笑的選股大賽。他們邀請了三支隊伍：一隻名叫歐蘭多的孤獨小貓、幾個券商和基金公司經理，以及一群中學生。

這是一個虛擬的數據比賽。

在 2012 年 1 月 1 日，這三隊各拿到了 5,000 英鎊，讓他們選五支股票，每三個月可以換一次。

小貓歐蘭多當然不識字，牠收到了一隻塑料小老鼠，工作人員每三個月讓小貓隨意把小老鼠扔到一大張金融海報上五次，小老鼠停在哪個股票上就幫歐蘭多買入。

年底，歐蘭多的股票組合回報率最高，戰勝了專業經理人團隊和中學生團隊。

這個實驗間接也支持了墨基爾關於猴子扔飛鏢都能戰勝基金經理的說法。

你當然不會安心把自己的積蓄交給一隻小貓（或

者猴子）進行投資，對吧？但是，給專業經理人真的可靠嗎？

也未必見得。

為什麼小貓這麼厲害？你應該猜到了，那年，算是個持穩的牛市，全世界都在上漲。以台股而言，2012 年收 7700 點，上漲 628 點、8.9％，漲幅大於 24 年的平均值 108 點、7.9％。也就是貓運氣好，每三個月都持續買，年底大漲了！

當然，也有運氣成份。

我喜歡貓贏，因為這樣比較浪漫。人們喜歡「非理性浪漫」，相信豬在風中飛，多麼離奇的畫面，多麼吸睛。不用腦想的最美，沒腦的相信最魔幻。所以我們也曾經希望，章魚哥對每場球賽的預測都是準的，或某國神童預言使我們避掉所有災害。我們喜歡驚喜，推崇奇蹟。

人們喜歡預測未來。

你應該可以預測到，長期來說，貓不會每一年都是贏的。

請理性一點比較好。理性，只能透過思考訓練而來。當你有了自己的理性模型，你會發現：自己沒有那麼無依無靠，什麼都要問人家。你有你自己的判斷，而判斷，不能沒有事實和數據，不能只是拍著腦袋想。

你可以找到你的判斷基礎，那麼就不會渴望做一隻風口上的豬。

【附錄】巴菲特價值投資理論模型：理性投資要考慮的因素

「宏觀」表示你要綜觀經濟變化，站高一點，看遠一點。右邊細項指示你需要考慮的東西，沒有這些理性分析，就表示你是用「賭」的。

至於一時性或局部性的震憾或災難，其實影響不了長期走勢。

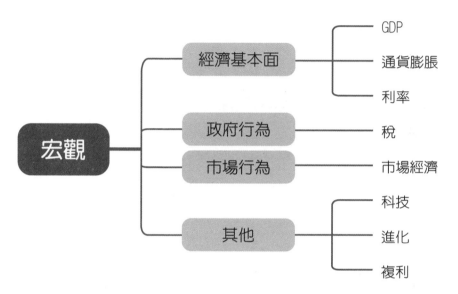

巴菲特價值投資理論模型：理性投資要考慮的因素

10

機會成本最昂貴

建立自己的價值主張

把心思放在往後徘徊和往前進展，人生發展肯定不一樣。

你要接受自己和別人不一樣。不用討好，不必覺得自己是

異類。世界本是由各種「異類」組成。

其實，你不會沒有時間，只要你想。

經濟學上，兩個在現實人生中最有感的名詞，除了沉沒成本之外，就是機會成本。

沉沒成本關乎過去，過去已經過去，耽溺完全無益。機會成本關乎未來，其實所有的投資都是機會成本的考量而已。

就讓我們來談談人們最浪費機會成本的事情。可不是喝下午茶、追劇和滑手機、打電玩……，這些小事都還有其樂趣。你真的不要對自己太苛。

對我來說，並不是每個人都必須兢兢業業、讓別人覺得「很有出息」的活著，而是只要**做你自己想做的事情**就可以。賈伯斯的人生使命在於改變世界，你的使命也可以在於活得像自己就好。只要你自覺活得好，不一定要往別人認同的方向去。

*

最浪費機會成本的事情之一，是後悔。

答應了，又後悔。那麼，你不如不答應。

我學到這一課的時候，是在我念中文研究所的時

候，除了靠獎學金過活，也常常和同學一起接案子，多賺些生活費。

那時候有一間公家出版社請老師當主編，找我們寫清代的歷史人物，一個人負責寫一位。本來說好一個人寫七萬字，給七萬稿費。

那不是一筆小數目，比我們一年的獎學金還多。

出版社請答應寫的同學去簽約時，合約忽然變了，說是不能夠給一筆現金，只能給版稅的 5%。

這種公家出版的書肯定不是暢銷書，一本書很可能最多印二千本，一本書如果是一百元的話，那麼，寫了七萬字，最後拿到的應該只有一萬元。

也就是七萬元變一萬元。

當場礙於某老師的情面，也就簽了約。之後一群同學走出了出版社辦公室，我越想越不對，文學院的人都沒有在算的嗎？這是遇到了「奸商」吧？怎麼可以利用條約，把條件縮水那麼多呢？

我對著同學咕噥了一陣。怎麼可以這樣呢？越說越生氣，抱怨這真是不公不義。

此時，一位學姊嚴厲的對我說：「妳就別再說了！如果不喜歡這個條件，妳可以不簽約；如果已經簽約了，就不要反悔。如果想反悔，就自己去談談是不是可以不要履約，他們也許可以找別人來寫。不要說背後話，那是沒有用的！」

我當時很下不了台。這個學姊本來很溫和，講話細聲細氣，而且我說得明明有道理，有問題的不是我，為什麼要這樣教訓我呢？

想了幾天，我知道她是對的。

是啊，我自己原來是念法律系的，明知條約與當時承諾不同，我為什麼要簽約呢？當場也可以不要簽呀，說自己再考慮幾天也沒關係，為什麼簽了約又來抱怨合約呢？

資方條件改變，我可以不同意，在背後咕噥，又有什麼意義？我是以「小人」的行徑來回應「小人」的行為。

後來我決定跟出版社談放棄合約，出版社也爽快答應了，他們不在乎執筆的人是誰（話說當年我就是

個沒什麼影響力的小寫手），此事就當沒有成。

學姊的確明智。她一棒打醒我的猶豫性格——如果你不甘願，那就不要接受，浪費時間抱怨做什麼？

情商決定人生成就

想起這件事情，是因多年之後的某個夜晚，公司行銷主管小楊聊起，有個客人真的有趣，他在兩年前買了一個枕頭，兩年後提出客訴，說是記憶枕有一邊塌陷了。法令規定的換貨期只有七天，保固期也只有一年，這位行銷主管請廠商回收，廠商檢查了老半天結果沒問題，不過客人無論如何就是堅持要退貨。

其實生意做久了，你一定會明白，客人以產品有問題為理由退貨，不一定是產品有問題，很可能是他的經濟或其他狀況出現了問題。

「我解決了，」小楊說：「他使用了兩年，我退他一半金額，我覺得已經很不錯了。」

小楊是我們公司同事中很值得欣賞的人，也是我們公司獎金最高的人，雖然他只有三十出頭，卻很沉穩，很會解決事情。這個客人被之前客服認為是「無理取鬧」，一直打電話來，曾把窗口氣到七竅生煙，掛電話之後在辦公室裡大罵。小楊安慰她說：「我們當然不能罵客人，在這裡罵也沒有用。這一個枕頭原價也不過是兩千多元，我們就想辦法處理到大家滿意，如果廠商不同意退，我賠。打五折一千多元，我可不願意為這一千多元傷害我一天的心情。」

　　對的，趕快終結，因為機會成本很高。

　　他這個叫做「機會成本」衡量法。他雖然年輕，因為績效很好，算來每個月也有三十萬薪水。抱著「公司萬一不賠，我賠」的底線原則，他很會解決事情，不會因為遇到什麼客訴而心情壞三天，更不會把小事搞大搞煩。他處事很讓老闆放心，只要他出手，客訴通常會解決。如果跟客人講道理講不通，那麼就討論出一個你可以接受、我也還 OK 的方法，不會為了誰對誰錯爭論得面紅耳赤。

情商決定了人生成就，的確如此。他的學歷其實不耀眼，曾說自己讀書時沒有一科行，自己也不知道為什麼。但他做事勤奮，有條有理，曾經一個人在公司發貨，發了一千單也沒出錯。就算被武則天（我）罵了也沒看過他發火——其實好幾次後來發現是我自己的理解有問題，出錯的不是他，所以還跟他道歉了幾次。

　　我的情商當然比他低。

　　把時間花在反悔、抱怨與生氣上，的確解決不了問題。公司是讓你來賣出能力的地方，是請你來幫忙解決問題，而不是創造問題。

　　把心思放在往後徘徊和往前進展，人生發展肯定不一樣。

　　不要老是跟已經發生過的沉沒成本計較。

　　當別人很愛拿沉沒成本跟你計較時，你別拿機會成本跟他計較，可以想出止損的方法。不然，多麼划不來啊。

別掉入自證陷阱

社群網路讓人際關係在虛擬世界變得複雜而繁忙，有一些新的人際關係問題產生，比如自證。

自證在心理學的意思是：只要你相信一件事是真的，你就會不知不覺證明它是真的。像預言，也像自我詛咒，亦即佛洛伊德所講的「強迫性重覆」。

比如說，在某專案中你認識一位新同事。第一眼你就覺得他看來不太友善，後來你越看他越覺得他對你有意見，跟你有心結，你老覺得他話中有話，心機很深，不久你們的關係一定變得越來越差，就跟你當初設想的一樣。後來你們發生衝突，你也聽到他對你有些怨言，你終於驗證了自己的直覺是準確的——你第一眼看到他，就知道他不是好人！

這一種先入為主的自證，其實是你自己當導演，自己當編劇，把劇情導向證明自己是對的！

另外一種「自證」也很嚴重，只會浪費人生的機會成本，叫做「為了證明自己，卻丟失自己」。

曾有一位公認有潛力的女星，被稱為最美的上海姑娘，拍過香港電影，二十出頭就嫁給了一位瘋狂追求她的富商子弟。雖然一結婚便發現問題不斷，比如枕邊人雖是富商子弟，卻沒有經濟權，並且不願負擔生活支出，婚外情也不斷。她忍了八年，生了兩個孩子之後，某一天，在醫院檢查，發現自己得了子宮頸癌。這個癌症事實上是可以治療的，但是她再也無法忍受，寫了一封長長的遺書輕生，說自己嫁錯人，人生已經餵了狗，不足惜。

　　難道沒有別的方法，走絕路才能自證嗎？

　　證明自己是對的，卻沒有了自己，那樣對嗎？

　　女孩鬧情緒，對男友說，我覺得你不愛我。男友為了證明「我愛妳」，做了一切傻事，證明愛給女友看，也是同樣的邏輯。

　　在台版連續劇中，也常有如此情節：富婆婆瞧不起媳婦出身，所以媳婦遇到各種不合理要求，百般忍耐，再苦也要證明自己比其他的妯娌強，就是為了要一句婆婆的肯定。你覺得媳婦的努力方向是對的嗎？

社群媒體上，誰都可以質疑你。如果有人栽贓了一句，傳了你的謠言，你就要不斷的為自己辯白，真的有必要嗎？

後面這件事，是我常常遇到的。年輕時會氣得半死，後來知道：沒錯，不用委屈；可以辯白，但不用太在意，否則你就著了別人的道。人在家中坐，暗箭射過來，如果只是一直在辯白，那麼多浪費時間啊。

不要因為想證明自己，而被誤導方向。不然，努力了半天，自己的價值感越來越稀薄。

🚩 每個人都有自己的價值主張模型

來看看這個模型吧（請見下頁）。這是商業能力價值鏈模型。你可以看到，中心點叫做「價值主張」。

價值主張永遠是核心。

以馬斯克的特斯拉來說，這張圖會很清楚。特斯拉的價值主張是「加速世界向可持續能源的過渡」。

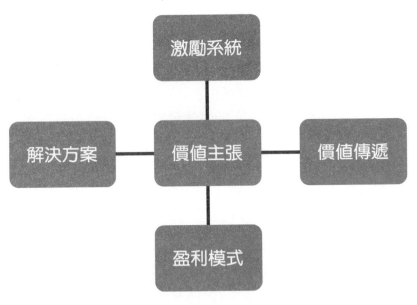

你可以適用的商業能力價值鏈模型

解決方案就是他的新能源車製造、與電池技術的持續創新，並通過建設基礎設施來利用可再生能源（主要是太陽能）生產能源。他的盈利模式，是因為價值主張而產生的：不只賣車，還賣軟體、經營充電站、車輛保險、太陽能電池板和儲能系統等等。

他搭建出自己的高利潤生態系統，只要你購買一

樣產品，就會忍不住選購其他產品（蘋果基本上也是如此）。

馬斯克的 SpaceX 也圍繞著他的星際探索與太空移民。

在我做生意的過程中，我常看到：一家公司如果沒有價值主張，只會亂七八糟的跟風做著各種莫名其妙的產品。什麼東西毛利高，就去做什麼；有的老闆甚至認識了什麼朋友就想投資什麼。

一個平台的價值主張可以是「讓客戶在這裡找到廉價的生活必須品」，像日本 DAISO 百元商店就是。這也是很有主張的，他所有的產品都圍繞著這個主張而行。

低價值也可建立商業能力的高價格，這就是成功的商業模式。

*

人，其實也可以套用這個價值鏈系統，推展你自己的價值主張。你要有你的軸心，而不是老在回應各式各樣的要求。除非你開的是維修公司，否則不需要

呼應別人對你的要求。除非你是被送上法庭的罪犯，你不需要向法官聲嘶力竭的證明自己無罪。

你只要證明你的所作所為，符合你的價值主張就好了。

你要接受自己和別人不一樣，朝著自己的方向走，必要時修正一下。

有了自己的「正向」價值主張，就不會糾結在一些小小的事情上。

那不是你的主張。

常糾結於小事，為了一些雞毛蒜皮的事情就演太多內心戲的人，往往容易忘了自己的大方向。

你的價值主張在哪裡？

關於我寫作的價值主張，其實也很清楚，肯定是希望透過文字的力量，讓自己和讀者都感覺到人生的正面價值。

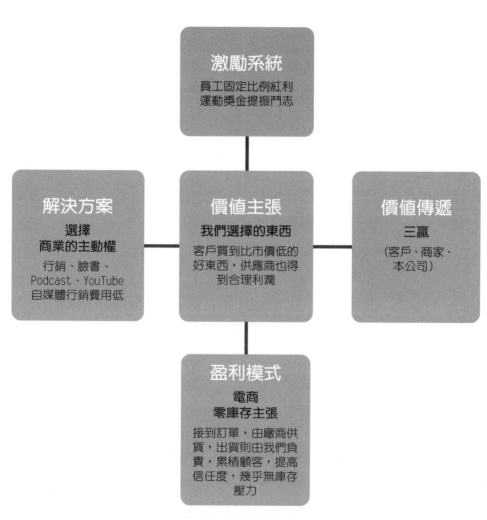

我投資的電商平台價值主張

以一個人的生命系統來說，要有自己的營利系統，也要有自己的激勵模式。也就是說，你不僅要重視現實的生計，也要鼓舞自己再上層樓；有行動力解決問題，還能夠有方法傳遞自己的價值。

　　這樣，你自己的價值鏈就完整了。

　　在這個價值鏈裡，抱怨、糾結和反悔，當然都沒有什麼價值。

🚩 不要跟他鬥，讓他贏！

　　自己有主張，就不會被別人提出的意見混淆。

　　你會洞悉自己的任務，認清自己的長處。

　　來講楚漢相爭的故事吧。

　　楚漢相爭，劉邦和項羽對峙，為了逼劉邦投降，項羽說：我要把你爸爸劉太公烹煮了吃。劉邦的回答是：我們結拜過，我爸就是你爸，你煮了我爸等於煮了你爸，那你分我一杯羹好嗎？聽來不孝，但是都打

了這麼久，也不能因為這樣就棄甲投降吧。他的價值主張就是要統一天下，結束亂世局面啊。

此時項羽軍中已經缺糧，打未必打得過，勸又已經勸不降，項羽就對劉邦叫陣了。說：現在天下已經亂了這些年，都是因為你與我的緣故。這樣吧，我們兩個人出來單挑，一決雌雄，我們兩個人自己解決，不要苦了天下的蒼生百姓！贏的人獨霸天下，輸的人就回家種地。

我相信，這個時候，兩軍戰士都想要看這場好戲。

你若是劉邦，會答應用單挑速戰速決嗎？

當然不！如果這也中計，腦袋這麼簡單，那他怎麼可能從一介草民混到現在呢？誰能跟一個力拔山兮氣蓋世的英雄單挑？不是自不量力的小白羊和大猛虎搏鬥嗎？

這時候，幹嘛用自己最弱的技能去證明自己贏了？只見劉邦神色自若，笑著對項羽說了八個字：「吾寧鬥智，不能鬥力！」

我偏不跟你玩！我有我的價值主張，跟你不一樣！

暗中也譏笑，項羽啊你就是個有力氣沒有腦的，才提出這個要求。你力氣比我大，我智商比你高！

項羽氣個半死。不過後來劉邦被射了一箭差點完蛋，但他裝沒事的耐力實在很強。

我很喜歡這個故事。當你遇到種種挑釁時，別急著想要衝出去當贏家，請明白你自己的專長。有時候就讓別人贏吧，你又沒損傷。

放心，你可以有你的野心

如果你明白自己的價值何在，其實你更能辨識自己的方向，果決的去看自己要與不要。

你會尊重自己的「野心」，又名「企圖心」，而企圖心能讓你提升自己的價值。

這麼解釋，就很正面吧！

以往，用中文說人家「有野心」，從來不是一句好話，應該會讓人不由自主的想起劇裡被畫成白臉的

「奸賊」曹操（也可憐了曹操，他本被預言為治世之能臣，亂世之奸雄，好歹有個雄字；有了《三國演義》之後，奸字就超過雄字的重量了）。

對於女人，「野心」恐怕更不是個好形容詞，說的人必有貶意。我大學畢業剛踏進辦公室，聽同事評斷某個女同事 aggressive，還去查了字典，心想明明這也是正面用語，為什麼當它用來批評女人時口氣如此鄙夷？感覺像在講宮鬥劇裡的狠黑女二號，將來肯定活不到劇終就會領便當。我們對「野心」一詞曾經如此敵視。

還好這個世界轉變了，女 CEO 多了，也多的是女總統、女首相。在商業世界裡，成功並不是零和賽局，雙贏與互助才是最適解。大家各憑本領得到消費者認同，打得你死我活肯定不是好主意。**這個世界需要對自己的價值主張有野心的人，有目標，也付諸行動。**

「野」這個字的意思，應該是自由自在奔馳原野，不想受原來規範束縛。如果想要活出自己的路，都是要有野心的。有野心，還要有持續的行動力。

世界能夠改變，便是源自於「野心」——賈伯斯。沒有野心的話，我們不會那麼快有智慧型手機；馬雲沒有野心的話，就沒有阿里巴巴；莎士比亞沒有野心的話，不會寫那麼多精彩的戲劇；馬友友沒有野心的話，不會拉出出神入化的大提琴曲……，任何成就眾所矚目的人都在意念清楚的路上堅持前進。就算是面前忽然遇到一團烏雲，他們也會在迷航之後找到新的方向，繼續揚帆。

野心不用大。野心是想要讓自己到達現在渴望的某種高度，過某種生活，做某個事業，想把一件事情做得比自己想像中好，不斷尋找可以達到目標的方法，不自我放棄。**比起「有夢想」，我還比較欣賞「有野心、有行動力」。因為夢想常常在夢裡想一想就算了，而有野心，你才能有魄力！**

人生很短，機會成本很貴，請朝著自己的野心前進吧。

NOTE

_____

_____

_____

_____

_____

_____

_____

_____

_____

_____

_____

什麼都是投資！

好學生紅利與長期投資效益

賈伯斯曾說：當你要對一件事情說 Yes，表示要對一百件
事情說 No ！

找到原則，你就要走好走穩。

如果你很不會拒絕，隨意動搖，那就表示你真的很沒有自
己的方向和原則，那你還想要在哪裡成功？

我並不是要教你厚黑學，我說的是現實。

我到底是不是一個好學生？

這很難講。

以成績來說，我應該多數時候都算是好學生。

以實質表現來說，不一定。

我從小就有某種毛病，上課無法集中注意力聽講，老師講著講著，我就「飄」出去了。我也會自己飄回來。然後，又飄出去。

在那個時代小孩有這個問題，大家不會認為爸媽得帶去看醫生。

小學的時候，我因為控制不了自己，常在課堂上頂嘴，跟老師說：「不是那樣的。」要我認真聽課很困難，其實就算後來念 EMBA 也一樣。我明知要認真上課的，在大多數的課程中，我卻必須非常費力警惕自己，甚至捏自己的手背，才能保持注意力。

老師如果講得很有趣，就比較沒問題，如果遇到照課本唸的老師，那一堂課要飄出去無限多次。

念國中的時候，雖然好高中不太容易考，但升學壓力實在沒有現在重，也可能是因為我在鄉下學校的

關係。儘管上課都在飄來飄去，但還是過得去。

高一時，遇到的老師比較嚴厲，曾經有位國文老師非常討厭學生不認真聽課，但因為她的鄉音實在讓人聽得有點費力，所以我常常不知不覺的變成一片雲。她只要看到我恍神，就問：「2號，現在上到哪一行？」（那是我的號碼，不知道為什麼那時那麼殘忍，要用身高排座號，在班上我的身高只贏過一個同學。雖然現在還是不高，但還好比當時多長了幾公分。）

完蛋了。因為屢屢被盯上，我常常罰站。

大學四年我修的學分數相當多，將近 150 學分。不過，有一半的課，都被我蹺掉了。選修的學分我還比較認真，必修的學分，如果我覺得無聊的話，還會蹺出去活動中心打撞球，自以為很瀟灑，所以有一大半都是虛的。還好台大大部份課程都不點名，只要考試通過、報告有交就可以。不然，我就完了。

大四下學期時，我甚至有一次忘了在規定時間去註冊，第二天才想起來，被學校行政人員罵個半死。在我不斷道歉下，他終於同意讓我註冊。翻開資料，

他發現我是上學期書卷獎得主，臉上忽然從綠轉粉紅，對我說：「原來妳成績很好，嗯，以後不要忘了註冊喔。」以後當然不會忘，我就要畢業了。

事實上，大人都是勢利的。我從小體育成績很差，初中一年級時有一個體育老師，本來給我不及格的成績，因為我的體育實在很弱，跑得很慢，跳高也跳不了六十公分（如果她知道我在中年後竟然能跑馬拉松，一定覺得不可思議），不只不及格，上體育課時我真的也常常因為動作遲鈍而被處罰。後來有位非常疼我的老師，跑去跟體育老師說：這個同學成績很好，都代表我們學校參加各種國語文比賽，因為體育不及格，所以拿不到獎學金……。

總之，這一關說，我第二天就從地獄到了天堂。上體育課的時候，老師就笑嘻嘻的過來接我的手（你可以明白一向被老師處罰的我當時有多驚恐），說：「原來妳成績那麼好，早說嘛。」

後來老師又聽說我爸是她以前高中的英文老師，對我就更和顏悅色了。雖然，我還是體育課的弱雞，

但之後每學期成績都在八十分以上！（這當然是該死的不公平！我替你罵）

那時我明白了兩個道理：一、你看，這就是社會現實，所謂的「好學生紅利」；二、人脈很重要。多虧我爸桃李滿天下，導師也喜歡我，有點關係，就好說。

我不是要教你厚黑學，我說的是我「了解社會現實過程」的體悟。

📬 把握「好學生紅利」

現在回到第一句話：我是好學生，還是壞學生？

肯定還是「好學生」。

為什麼呢？

我都有畢業啊，成績也還可以。這社會是以結果論英雄的，不是嗎？而且後面這些蹺課情事，我如果沒有自己坦白招來，你不會清楚。你只會看到我念的

學校、科系、我畢業了，你其實連我的成績都沒機會看到。

我真的不是乖乖牌。我常對師長的教訓陽奉陰違：表面沒意見，但心裡完全不這麼以為。不過長大之後我就不太公開表示反對意見，因為我知道，這會惹來麻煩。我肯定不是一個有理想的社會改革家。我很俗辣的明白做好學生，是一個「政治正確」的好選擇，比較不費力。傳統教育中，百分之八十的人認為，好學生就是學校排名好、成績好，其他有沒有很好，似乎無人深究。這就是現實社會。我大概很早就開始明白了：

一、這個世界沒空了解你，都用很粗糙的「分類標籤」來標註你。

二、人脈是有效資源。

三、學校考得好、成績好最重要的功能是，不用拚了命證明自己其實很聰明。

四、如果你投資的時間都一樣，為什麼不念好一點的學校呢？何況在台灣，公立學校的學費

便宜很多。

你能說這些選擇很勢利嗎？雖然之前看過一則新聞，說某校以自己的 CP 值最高來打廣告（它用入社會薪水當分子，用聯考分數當分母）；結果就引起了嘲笑，算是一種 Kuso 手法吧。不過相信你應該知道商業社會的宣傳法則，最好貼近人們心中的普遍認知，白話一點說，凡與人性法則相同的，大眾就比較容易接受。

現在想想，原來，在還沒有念商學院之前，我就了解什麼是投報率。原來我一直往投報率高的方向在做決策。（雖然有一陣子法律系唸得好無聊又好煎熬，不過，萬一人生可以重來，我還真的不會去選外文系喔——。）用事後諸葛的角度，審視當年大學聯考前我本來一直想要念外文系，卻忽然變心，第一志願改成法律系的真正理由。

答案是我不用太費力證明自己很精明，不容易受欺負——就是有一種厲害角色的感覺啊。

＊

看了上面文字，也許你會覺得我很市儈，但早早了解社會現象是必要的，我又沒作奸犯科。

後來自己分析一下，我對於文學實在是真愛。

明明，當作家是世界上投報率很低，而且下場最悲慘的行業。得了諾貝爾文學獎的作家，如海明威和川端康成，功成名就，然而……。出書明明是一件值得恭喜的事，但我都已到書籍暢銷多年後還一直被長輩說「當作家是會餓死的」。

我心裡也知道，按平均值來說，下場不會太好。所以我除了很努力寫作之外，一直都有個能謀生的工作。之前當編輯和記者，也是文字工作。近三十歲時莫名其妙走進電視圈。我想的是：這是一個鐘點費比較高的工作。我沒有接受過什麼專業主持人的訓練，也沒有那麼喜歡聊那些我其實不感興趣的八卦和時事話題。事實上一點也不想當明星，但是當時我一算，唉呀，一個小時的主持費接近我一個月的基本薪水……，怎麼有拒絕的道理？

我明白要不被生活所迫，才能自在寫作。告別電視圈時，我已經在這個圈子打工二十多年。離開的時候，我大概知道以我的理財能力，還有錢花得不多的生活方式，財富算是自由。當時，大家都以為我會失去戰場，其實我只是沒有了鐘點工的工作，一點惋惜都沒有。我真心不熱愛在鎂光燈下霸佔麥克風，雖然我曾經擅長。

　　維吉尼亞‧吳爾芙不是說過嗎？「一個女人要寫作，一定要有錢和自己的房間。」這兩者都叫做經濟資源。

　　相信你知道維吉尼亞‧吳爾芙，這位被稱為「如果莎士比亞有個妹妹，那一定是她」的女作家。她的人生的結局如何？和上面兩位偉大的諾貝爾獎文學獎得主類似，自我了結。

　　就算有支持她寫作的老公，她內心的動盪仍然讓她無法在生活中得到平靜和幸福。或許是憂鬱症，還是長期的壯志難伸？

　　這些，我都明白，我竟然還選擇以寫作當終身職

志，那不是真愛是什麼？真愛就是：不管你是否會回報我，反正我義無反顧的愛著你。

我明白投報率，但我還是受到內心的某種熱情指引。

雖然，我不只對寫作有熱情而已。

說到這裡，要在上述的策略上加上一條：

五、不管你選擇什麼，都要保持愉悅平穩的心情，相信活著是一件美妙的事情。所以你絕對有必要討自己開心。

🚩 一切都有投報率，但不一定是錢！

我剛剛用了投報率三個字，你可能會覺得「怎麼這麼商業化」？

這和我愛好文學的本性並不衝突。事實上，多年來也是我的某種商人屬性在認真養活那個被恐嚇會餓死的作家。

其實，萬事萬物都是投資。這個理論來自於日本知名的財經作家，也是重要金融機關的投資長奧野一成。

用你的機會成本選擇一件事來做，就是十足的投資行為。他舉的例子是一個學生參加桌球社，下課後花許多時間練習，最後贏得比賽，這也是一種投資行為。能夠拿來投資的籌碼，不只金錢，還有時間。

你投資時間去麥當勞打工，賺取工讀費用，不管是當學費、生活費還是娛樂費，那都是投資行為。

廣義的投資可以用如下的定義表示：

投資是投入現有資產（金錢、時間、能力），以圖未來獲得更多資產（金錢、時間、能力）的行為。

投資在自己身上叫做「自我投資」，投資在房子上叫「不動產投資」，投資在股票上就是「股票投資」。

那麼，我想請問你：父母為你支付學費，是一種投資嗎？

我認為是的，不管父母要不要求對價回報，都叫做投資。若父母付出，只為了想讓孩子成為一個對社

會有用的人，那肯定是投資。養育孩子，看著他有成就，就算他沒養你，也仍然是投資。

不是回報了財富才叫投資。

投資，都有風險，不一定有正面回報就是了。

＊

對我來說，投資最好遵守「好學生紅利」。

運用時間和明確選擇，讓你的投資有複利效果，是需要紀律的。不要只想「偶爾」表現好，要一直有耐性的表現好。複利作用是長長的列車，你最好能夠讓它保持平穩的速度；而且，一旦上車就不要隨便下車，否則火車就開走了。

你會說，這講的還是巴菲特的雪球定律啊。

股神巴菲特說：人生，就像滾雪球，要有夠長的坡道和夠溼的雪。

這應該稱為巴菲特的「第一性原理」吧。

影響雪球大小的因素有兩個——夠長的坡道和充足的雪量。雪球會越滾越大，是投資的成果。坡道平穩，你就不會讓它掉下山崖。

- **夠長的坡道：**代表的是時間與紀律。請你及早開始準備投資，用時間與規律投入來累積財富。
- **充足的雪量：**代表投資產品必須有價值。波動過劇或大漲大跌的標的，以及不斷殺進殺出，肯定變成雪球殺手。

很可惜，我接觸到這個理論的時候，已經四十歲了，不算早。不然⋯⋯我的雪球一定好大好大。（就讓我幻想一下！）

念商學院之前，幾乎完全沒有碰過任何財經類書籍，所以四十歲的時候才開始接觸到巴菲特的理論。之前亂投亂買的各種盲目投資黑歷史，不勝枚舉。

「你真的四十歲還沒開始？那我放心了。」比我年輕很多的朋友這樣問我。

的確是的。以金錢投資而言，四十歲，第一次跨入商學院課程之前，我只懂花錢、存錢，還有亂投資。

不過，我並不是從四十歲才開始存錢的喔。所以真正學投資時，我到底還是有一桶金的。

11　什麼都是投資！

那桶金，來自於我投資了自己。我投資了我的時間寫作，我投資了我的時間學習各種技能。在我自己選擇要學習的東西上，我一直在扮演好學生；考證照，就把它考完，讀書，就把它讀畢業。考試，努力準備，雖然不保證成績一定好。我是中年之後才念商學院的，因為完全出自學習動機，所以真的很努力在吸收。雖然也必須承認：學校老師的確教了我系統化理論架構，但是跟同學學習，還有自己在一次又一次的成功或失敗的決策中，會學更多。

向唯一的股票明牌巴菲特取經

其實巴菲特的投資並非上述說的那麼簡單，雪球理論只是一個比喻，否則巴菲特和查理‧蒙格就不用寫那麼多本厚厚的書來教育投資人。

如果股票還真的有所謂「明牌」的話，那麼長期投資近半世紀以來，巴菲特的績效是最平均而美好的，

前文已經提過。如果有人問我，要買什麼來養老，事實上我唯一敢報的明牌和名牌，就是巴菲特。

我後來發現，與其自己東搞西搞，還不如相信他的價值投資。

我第一次想要買巴菲特股票時，是 2012 年。那年，波克夏 A 股約 13 萬美元。好貴啊，一股要 400 萬台幣左右！我當時這麼想，所以沒下手。

那年，我的確曾經買過美股。大家說太陽能一定是未來，所以我也買了在美國上市的「無錫尚德」股票，反正看起來不貴。2013 年，「無錫尚德」破產。「還好」，我在股價剩下一半的時候，咬著牙把它脫手了。「還好」，也沒買很多，大概就賠了 5 萬美元吧。

我真正買了波克夏股票的時候，它的股價已經是 40 萬美元了，近台幣 1,200 多萬。我買了兩股（你看看現在多少，就是我累積了多少）。我們這個年代的人普遍認為 3,000 萬積蓄可以養老，我用我投入的金額剛好可以證明是不是可以靠巴菲特養老。他說過，萬一哪一天他怎麼樣了，他會將公司資金百分之九十

11　什麼都是投資！

拿去買 S&P 500 的指數就好，也就是說跟美國股市共存亡。跟美國股市共存亡，大概也等於跟世界經濟共存亡。

如果你看過一家公司股票很便宜的時候，你應該會認為它在股價變三倍的時候入手，實在很不划算吧？不是這樣的，請忘掉歷史價格，歷史價格是沉沒成本，請看重它的績效與價值。

如果你想知道我的養老股票市值多少，可以 Google。

在 13 萬美元時嫌股票貴，到了 40 萬美元時才投入，並不是盲目，而是「看透了」的結果，按照他多年來每年可以創造百分之二十的複利，我也認為：只要自己活得夠長，就可以領到波克夏的「好學生紅利」。

巴菲特和查理・蒙格是好學生，他們從不違背自己的理性原則，以及價值投資法則。

就算他們很欣賞賈伯斯，波克夏是在賈伯斯已經過世的 2016 年才開始購買蘋果股票。

他看中的肯定不是因為蘋果是首屈一指的科技產品公司，應該說它已經變成了一家在他眼中有價值的消費品生產公司。

當年，巴菲特關注蘋果的原因有四點，他以此為根據，認為蘋果會持續產出經常性收益，也就是符合他們認定的價值投資。我認為他們已經把 iPhone 當成「剛需消費品」，而不再把蘋果視為新興科技公司。他們的評估完全不在「科技」上，而是：

■ 已有 10 億名使用 15 億台有獨立操作系統的 iPhone 和其他相關軟體產品。
■ 預估 iPhone 使用者會持續突破，每年會增加一億使用人數，而且每年都呈現上漲趨勢。
■ 高忠誠度的 iPhone 用戶回購率高達九成……。

也許你現在看到波克夏 A 股的價格，又會覺得「你又晚了一步」了，而且，它的確很貴。那麼，其實還有 B 股，我寫這篇文章時，股票在 300 美元左右。

我真的下手買的時候，是真正體會「沒有什麼貴不貴，只有值不值得」的時候。

有開始總比沒開始好。

長期的價值投資策略才不會錯。

📍 向股市天才李佛摩吸取反面教訓

傑西・李佛摩（Jesse Livermore）被稱為歷史上最傑出的交易員，曾被《時代》雜誌形容為「最活躍的美國股市投機客」。擅長放空，就算股市崩盤、哀鴻遍野，他也曾靠著傑出的技術分析獲利。據說銀行家J.P. 摩根（J.P.Morgan，摩根公司創辦人）曾經打電話給李佛摩，請求他停止放空，怕整個股票市場即將被摧毀，這讓他感覺自己像個高高在上的皇帝，隨後股市因李佛摩平倉而止跌。

不過，他也落入了自己的詛咒。他曾說：「投資人必須提防很多東西，尤其是自己。」儘管如此，他

還是戰勝不了自己，在殺進殺出、上沖下洗的過程中，他多次破產，多次翻身，卻也長期浸泡在憂鬱症裡。甚至曾因酒醉後對長子開槍，導致長子殘廢，在他六十三歲那一年，這位股市天才的結局，和之前我提過的諾貝爾文學獎作家殊途同歸。

隨著波浪上沖下洗，再聰明我們都無法次次料中世局。請看看下頁的圖吧。

不管你有沒有耐心看這張圖，你只要注意那個向上的箭頭就好了。

不要管那些波浪。

我不沖浪。

我現在最貴的機會成本就是我的時間，我只想拿著時間去做我想做的事情，繼續投資我的人生。至於錢滾錢，那就讓它跟著價值投資的直線走吧。

經過了這些年的起起伏伏，若我想證明我比巴菲特厲害，呵呵，那我一定是失智了。不要想證明你半路殺出，會比有一輩子優良考績的人更像專家！

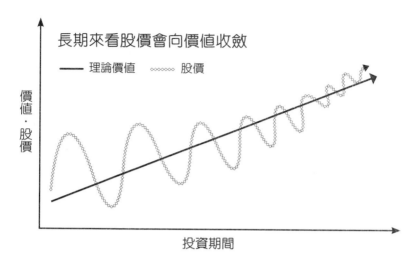

長期來看股價會向價值收斂

―― 理論價值　∞∞∞∞ 股價

價值‧股價

投資期間

股價與理論價值的關係圖

重點

- 理論價值是直線，虛線是股價變化。

- 股價長期向上，會隨基本面變化，也受大環境影響。並以理論價值為中心上下波動，漸漸縮小偏差幅度，最後向基本面收斂。

爬向豐足的高峰，
看得更遠

你要避免人生的混亂，讓你的生命活力和你的價值觀配合。如果可以站在這個豐足的高坡上，你會看得遠一點，比較清楚要走哪一條路。你喜歡去的地方，一定就是你使命所在之路，順著使命而行……，才能成為你想做的自己。

「不要陷入宿命論，誤以為世界上的一切都是天命、什麼也改不了。無論你的生活狀況如何，你至少可以控制自己的想法，也可以掌握自己的行為方向，保持對生活的興趣與熱情！」

——正面心理學的創始人之一，

匈牙利籍心理學家米哈里·契克森米哈伊

（Mihaly Csikszentmihalyi, 1934~2021）

寫到這本書的最後一章，其實我要講的話，你光看這句話也就夠了。

不管遇到什麼事情，總是可以正面面對。不然呢？難道負面的心態曾經解決人類什麼問題嗎？

年輕的時候遇到負面事件，我確實也曾指天罵地，感覺自己的世界全盤崩潰，或者求爹告娘，希望有人來解決。

事實上我們可以練習自己解決人生中的種種事件。我不是說不能求人，而是「求人」肯定不是第一步。探查不到根源，就不會有好的解法。

記得瞎子摸象的故事嗎？我覺得這個故事的寓意比我們小時候學成語時還深遠。

一群盲人在摸象，摸到象耳朵的人說象像扇子，摸到肚子的人說象像牆，摸到尾巴的人說象像繩子，摸到鼻子的人說象是消防水管。

這是個好寓言，瞎子摸象的情節在人類世界不斷上演。

很多人一買股票就去問周邊的專家：「現在可以買嗎？」「要買什麼？」其實也是盲人問盲人，有誰真的能預測個股？那些在預測飆股的人，其實有很多都是想要倒貨給你的人。記得前文提過的嗎？股市基金經理人的基金組合投報率可能比不上一隻小貓。

你應該有自己的看法。

我們覺得巴菲特可信，那是因為他在經營公司上並不投機，買賣什麼都有他的主張；他可不是瞎買，或者看什麼內線消息——全美國各大公司創辦人大概都想認識巴菲特，如果他每天都在見客和接收內線消息，那他一天可能會收到三百個明牌。

為什麼巴菲特沒有破過產，而李佛摩雖然聰明到多次破產又站起，但最後崩潰的是他的精神狀況？

　　因為巴菲特有他的投資決策模型，他不會因為貪圖利益，屈從市場多數人的看法；他觀看世界的宏觀局勢，還有各式各樣的金融數據，但最終，他相信的是他自己建立的法則。

　　無論如何，堅定不悖離，不隨波逐流，不賺取短期操作利益。

　　因為如果把股市看成一個「市場先生」的話，市場先生的脾氣，永遠是陰晴不定的，沒有什麼今天跟你說定了，明天一定要這樣的事情。

📏 要致富前先自主

　　我們太愛問別人的意見，當然是因為本身懶於研究什麼才是自己應該採取的方法，只想要在最快時間內得到答案的人，會越來越沒自己。一切道聽塗說，

自己拍腦袋，怕失敗；那就讓別人拍腦袋吧，萬一失敗了就可以怪他。

或者，大部份的人提出問題，只是想要看看別人心中的答案和自己心裡模擬的那一個是否一致。

美其名好像是在做客觀的市場調查，其實已經有先入為主的看法，根本就是在做「市場是不是贊同你」的調查。逆我者亡，不採納。

舉個例子好了，我常被問到：「那現在要不要買房子？」

我總是覺得一頭霧水。

你要我怎麼回答？要不要買房，必須依據個人現有的財力、需求、理由，還有買來到底要做什麼來做決策。我不了解你的狀況，怎麼知道你要不要買？這樣問的人，本身就有很容易投資失敗或被詐騙集團騙的個性。因為他是「從眾」的，他想要得到一個「大家都認為怎樣才對」的答案。

而根據 80/20 原則的推衍，你如果跟百分之八十的人行動一致，保證賺不到錢。

最愛用 80/20 原則的，是投資界知名人士霍華・馬克斯（Howard Marks），他也是金融圈的傳奇人物，不敗常青樹。巴菲特年年在股東會上訓示投資人，他也每年都寫一個「投資備忘錄」，眾所矚目。

相信你聽過巴菲特說的：「別人貪婪時我們要恐懼，別人恐懼時我們要貪婪。」在《投資最重要的事》一書中，霍華・馬克斯乾脆俐落的寫出他的逆向投資原則：

> 「如果要比大盤賺得多，我們就要與市場共識對抗、與大家的趨勢對抗。老實說，跟隨大多數人行動，對我們沒大益處。因為人人都看好某支股票，一來價格一定不便宜，在人人都看好時，最賺錢的機會已經不在；二來，愈來愈多身邊人看好時，股價會升至一個不合理、失去懷疑態度的水平。
>
> 所以我們要遠離群眾，甚至做和群眾相反的行動：在群眾討厭時我們要買進，在群眾喜

歡時我們就賣出。」

聽起來似乎很沒理性，為反對而反對，當然，這也是有前提的，你也不要聽了就馬上執行唱反調行動。請容許我提醒你，你的口袋肯定沒有霍華·馬克斯深，你，唱反調唱不了太久！而且你對好公司恐怕也沒有什麼認知，你不了解某股票的內在價值，亂唱反調的話，你可能會買到大家拋棄唯恐不及的下市股票。

逆向投資在提醒你，要對群眾的樂觀或悲觀態度保持懷疑，要有觀察的耐性，不要盲從，但也不要急著逆向。因為由盲目大眾所主導的趨勢未必會立即改變，就算你看出正確的一方，市場未必會立即暴跌或回升。也可能在可以證明你是對的之前，你就彈盡援絕，現金流不夠了，率先破產。因為別人在做多，而你在看空，你的子彈沒有別人多，自然就要付出「雖然最終證明你是對的，但你卻無法活著看到結果」的代價。

其實，市場上真正的常勝軍少，我常看到有人號

稱打敗巴菲特或橋水基金、橡樹資本。但……就只是某一年。

在 2000 年左右，美國科技網路股瘋漲的狀況中，幾乎華爾街每個科技基金都打敗了巴菲特；喊出比特幣一枚會等於 50 萬美元的方舟基金女股神伍德，在疫情期間大部份時間中都打敗巴菲特，如今呢？這種感覺其實就只是你偶爾有一次擋住了梅西的進攻，或者是在飛人喬丹面前比他先摸到了球一樣。

霍華‧馬克斯要說的其實是：買進每個人都在買的東西並不會跟著賺大錢，買進每個人都低估的東西才會！僧多時粥少，古有明訓。

你是否猜到新冠大瘟疫流行之後，股市竟然在恐慌中旱地拔蔥上漲了一大段時間，而在世界逐漸開放之際，反而跌了個慘兮兮嗎？

沒有吧。

那時候有誰敢在美股初期大跌時出來大聲疾呼：你們不要悲觀？你只是在洪流中驚覺，在愕然中發現，原來，局勢和大家直覺想像的都不一樣。

回想你人生中的每個決定，大多數人認為正確的，真的正確嗎？大部份人根本看不到未來，卻喜歡鐵口直斷某種預測。

做人處世，還是相信你自己吧。至少，如果是你自己決定要掉下去的坑，不是被別人推進去的，雖然一樣疼，但是你會甘願點。

請相信，沒有人會幫你負責

「現在可以進場嗎？」

會這樣問的人只想當賭徒。

「現在可以買房嗎？」

會這樣問的人恐怕也只想確定：「我買了房子之後是不是會上漲？」根本沒有什麼目標擺在前頭。

如果已有明確標的，而他的錢又夠，要買不買都可以時，他還問：「我應該買嗎？」我通常都叫他去卜卦或抽塔羅牌，不然你也可以去問星座專家，只要

別問我就好。因為我無法判斷，不想為你負責。這世上只有詐騙集團會非常想幫你負責。

以房子來說，如果你只買一間，也就是口袋裡只有一個雞蛋，那麼也可能會很倒楣。這就像一個人把一生投在某公司股票一樣，你沒有分散風險，而這個雞蛋又是你唯一能夠期待的雞蛋。就算趨勢往上，你也可能往下。

舉個悲慘的例子來說吧。

2010 年，我們到東京籌組資產管理公司時，東京的房子，包括新宿和澀谷都很便宜，小商鋪的租金報酬率竟然都有 9％，用七二法則來算，八年可回本，也就是 2018 年回本。就算扣掉運營費用，2022 年也該回本了，而雞蛋還在，也就是那間房子等於免費。我們選擇的是便利商店、拉麵店、串燒店等小商鋪。如果你妥善運用那些收來的房租再投資，那麼你可能不只創造了一倍的價值。

不過，也有一位投資者很倒楣，他就那麼一間小套房，在歌舞伎町，裡頭發生了當時知名的恩客殺女

公關的謀殺案，現場慘不忍睹。後來當然租不出去，乏人問津。就算投報率高，單一物件，不能規避風險。

在台灣，我的某位朋友也專門買老公寓改成套房出租。一間三十坪不到的老公寓，改成六間套房，初期就花了一大筆錢改格局。投報率很高，於是他手下大概有三間公寓，陸續改成出租套房。不過，其中有一間遇到了房客在房中尋短的事故，結果其他五間房客也就搬走了。事實上，管理的間數越多，他的人生處理的雜事也越多。還好後來房價漲了，兩間房加上一間淪為兇宅的賠錢貨全數賣出，最終依然有少許盈餘，沒有白忙一場。

他的投資故事也給我一個很好的提醒——在想要賺取利潤時，你要注意風險，而某些物件本身就存在著風險。資產管理基本上也是很費力的，一人之力無法解決，非得要有一定數量，才值得花錢建立系統化管理。不能只計算眼前的投資報酬率，因為房子是長期資產，現在世界各國都有嚴苛的限制炒作法令，在多數國家都是「漲價歸公」，請不要只想眼前。

12 爬向豐足的高峰，看得更遠

任何事物、投資、和你的人生，都請做長期考量，
也請考量可能的風險。

上述那兩種位置、類型的房子，本來就是風險比
較高，只看投報率，絕非理性選擇。

⚑ 沒有完美選擇，只有最適解

會沒有意識到每個人的狀況不同，隨意想問出一
個唯一標準答案的人，腦袋裡假設的是：每個人都跟
我一樣。

郭台銘不會問我現在要不要買，因為他擁有的財
產跟我們不一樣。

又，如果你手上的錢根本連小套房的頭期款都付
不起，那你問這個問題幹嘛？

你如果要買自住房，或者你要結婚，丈母娘逼你
買房，你背後的理由是買房成家，那麼買房就是你的
剛需，你就別在意買了之後會不會漲價？不漲你也得

買呀。你必須做的理性決策是算算你能不能負擔，挑選的房子是不是要離丈母娘家遠一點或近一點。而不是試圖考慮所有的條件，確定每個條件都完美，才去做投資決策。優秀的投資者從來不可能是完美主義者。

＊

你一定看得出來，我是一個喜歡把投資和人生的底層邏輯一塊兒想的人。

投資的決策和人生的決策本來就有共通之處。

你在人生處處猶豫，你在投資也不會穩當前行。

遇到各種問題時，有自己的思考原則，你會活得很有成就感，整個人也能夠神色自若的活。畢竟，人生的問題常常一直來一直來，活到中年之後，沒有一個人還真的能夠幸運到發現人生是那麼容易的。

在這裡提供你一個超級簡單的思考模型。這是我在聽大陸的一位作家兼 CEO 三川玲演講時學到的。

這張圖就是讓你做短線、中期和長期思考：這件事你要不要做？

越能夠不依賴別人，自己明確答出 YES 或 NO 的

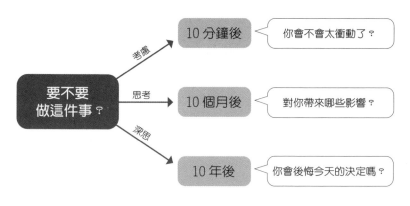

101010 旁觀思維

人，就是有自信而理性的人。

有時事情只會影響短線，比如小孩考試考差了，那麼你也不用小題大作；別人講一句難聽話，可能是無心之言，也可能是瘋狗亂咬，你被影響十分鐘就好。

失戀的話，頂多給你十個月。不然，把自己弄得形銷骨立，愛情會回來嗎？恨難道能變成愛？讓你一直不舒服的事情，請不要做。

不要把自己的一生都葬送給一個固定而僵硬的「局」。

我喜歡認真的學習，也喜歡認真的完成一件事，

和認真的玩。並不是為了想要達到什麼巔峰，而是因為人生不認真往前走，還真的不好玩。

如果你不認真學投資，那就只能靠主動收入過日子，一投資可能就投在詐騙集團的公司。

如果你沒有想建立自己的思路，那麼也只能敷衍的過著應聲蟲般的生活。

如果你不認真對待友情，你的旁邊也永遠只有酒肉朋友和泛泛之交。

如果你沒有認真的維持自己的健康，那麼你再怎麼拚命賺錢，人生也會虎頭蛇尾的結束。

認真並不累，不認真才累。

認真學得深一點。

認真看得遠一點。

至於你能夠用認真換得什麼東西？我還是要說：每個人想要的都不一樣。永遠不要以為別人想要的你也要，也不要以為你不能的，別人也不能。

我們期待活得有點高度，有點態度。

請建立你自己的這座山峰。

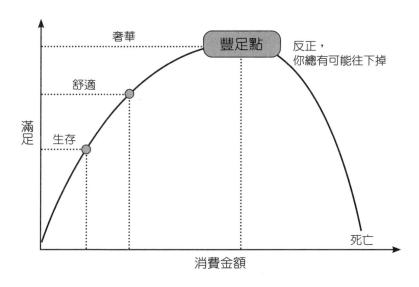

人生的滿足曲線

這張圖來自於一位致力於永續生活運動的作家薇琪·魯賓（Vicki Robin）。

她說每個人都有自己的那座山，曲線的頂點，就是你幸福的高點。到了這個點，你可以取得最大的滿足感。豐足會讓你活得快樂、舒適，而且有力氣對愛你的人和你愛的人好，你也可以享受生命中小小的奢華，沒什麼不可以。你不用擔心沒有錢，因為借貸度

日的感受從來不是太好。

你在豐足中會產生對這個世界的信任感，但是你也應該體會到，有些東西夠了就好，不是指你不該賺錢，而是指你不該浪擲金錢在豪無意義的消費上，或做一個生活貧乏的守財奴。

你要避免人生的混亂，讓你的生命活力和你的價值觀配合。

是的，這就是人生的價值投資。和持盈保泰的價值投資法，道理實在相像。

如果可以站在這個豐足的高坡上，你會看得遠一點，比較清楚要走哪一條路。

不要老是像豬在找風。如果你短視近利，什麼事都只想到那十分鐘，就會變成馬雲說的：「風來的時候豬都會飛，所以很多人天天在找風。其實風來了，豬都會飛，但是風過去了，摔死的都是豬。」

你不一定要成功，但要達到你想要的豐足

找風不如找翅膀，更有能力的話，可能要自己找一架飛機。

你並沒有一定要當英雄還是大企業家，你大可以當一個凡人而快樂。是的，人沒有一定要成功，但是最好能夠達到自己所要的豐足。在經濟上、知識上、精神上都一樣。不要讓生命變成一團匱乏的混亂。

關於生命，天文學家卡爾・薩根（Carl Sagan）說的一段話很不錯。他說：「生命是這麼一套系統：這個系統能夠傳承，並且能夠變異，而且能夠傳承這個變異。」

這一句話有兩個核心，一個是傳承，一個是變異。

這表示：你在宇宙中肯定不是一個單獨的個體，你的人生本身就被賦予意義，你的存在就是在傳承著某些東西。就算不知道那是什麼東西，根據物質不滅定律，你的細胞中也帶著這個星球從混沌開始以來的某種元素。但同時，你也在變異，為了生存試圖適應

環境，彈性地改變自己。

　　是的，**我們在認真的活，在傳承過去，**也是一個努力迎接未來的獨特小小生命體。想到這裡，我總覺得很感動，我微不足道的人生本身已經充滿積極的意義。

　　你喜歡去的地方，一定就是你使命所在之路。順著使命而行，你總要去除一些柵欄，學習某些知識技能，發揮自己的本領，才能成為你想做的自己。

NOTE

NOTE

_____

_____

_____

_____

_____

_____

_____

_____

_____

_____

_____

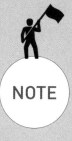

NOTE

_____

_____

_____

_____

_____

_____

_____

_____

_____

_____

_____

Big 叢書 421

窮思維、富邏輯：人生實用商學院之致富之前先自主

作　　者－吳淡如
特約總編輯－余宜芳
特約主編－艾暚
主編暨企畫－葉蘭芳
封面版型設計－陳文德
封面攝影－你滋美得提供
作者照片提供－GREEN GOLD
內頁插畫－沄禾工作室
內頁排版－薛美惠
校　　對－林峰丕

董 事 長－趙政岷
出 版 者－時報文化出版企業股份有限公司
　　　　　108019 台北市和平西路三段240號1-8樓
　　　　　發行專線－02-2306-6842
　　　　　讀者服務專線－0800-231-705・02-2304-7103
　　　　　讀者服務傳真－02-2304-6858
　　　　　郵撥－1934-4724 時報文化出版公司
　　　　　信箱－10899臺北華江橋郵局第99信箱
時報悅讀網－http://www.readingtimes.com.tw
法律顧問－理律法律事務所 陳長文律師、李念祖律師
印　　刷－勁達印刷有限公司
初版一刷－2023年10月6日
定　　價－新台幣380元
（缺頁或破損的書，請寄回更換）

時報文化出版公司成立於一九七五年，
一九九九年股票上櫃公開發行，二〇〇八年脫離中時集團非屬旺中，
以「尊重智慧與創意的文化事業」為信念。

窮思維、富邏輯：人生實用商學院之致富之前先自主/吳淡如文.
-- 初版. -- 臺北市：時報文化出版企業股份有限公司, 2023.10

280面；14.8×21公分.（Big叢書；421）

ISBN 978-626-374-178-2(平裝)

1.CST: 人生哲學　2.CST: 自我實現　3.CST: 成功

191.9　　　　　　　　　　　　　　　　112011967

ISBN 978-626-374-178-2
Printed in Taiwan 版權所有 翻印必究